고대사보고서

130년 만에 풀린 비밀

태 왕 의 꿈

해석저자 김 덕 중

석비문비밀 완전해독 ─────

광 개 토 태 왕
석 비 정 해 본

廣開土太王 石碑正解本

덕산서원

태왕 석비문을 해석할 수 있었던 배경

 1600년전 실존인물 고구려 19대왕 〈광개토태왕〉의 훈적 기록문 석비 발견 이후부터 현재까지 130년 동안 실체는 미궁에 쌓였고 아직 아무것도 해결 못한 과제로 남았다. 그러나 석비문은 중국과 일본학자들이 어떤 목적을 가지고 접근했으나 사실상 문제만 더 복잡하게 만들었다. 이제 석비문은 한국의 학자가 해결하였고 석비문의 완결은 한 무명의 토종 한문학자가 풀어내었다. 그 연구기간은 24년간이며 모든 궁금증은 해소할 수 있게 되었다.

 저자가 24년 만에 완결한 석비문의 제목은 〈광개토태왕의 꿈〉 또는 〈광개토태왕 석비문 정해(正解)〉다. 저자가 선택한 석비문 원문의 출처는
 첫째, 북경대학교 도서관 소장의 정탁본(부록편 참조)을 정본으로 하고
 둘째, 비문을 최초로 해독한 만주인 문사 영희(榮喜)의 해독본과
 셋째, 한국의 사관(史官)출신 문사. 창강 김택영(創江 金澤榮)의 해독본과

넷째, 성균관 유생 출신 소앙 조용은(素昻 趙鏞殷)의 해독본을 참고하였다.

다섯째, 단재 신채호, 정인보, 국내에서 볼 수 있는 북한 연구서, 대학 도서관 탁본문, 박물관의 탁본문, 국회 도서관·국립중앙도서관, 동국대학교, 단국대학교, 경희대학교, 동아대학교, 규장각, 정독도서관, 박은식, 계연수, 이유립, 문정창, 증보문헌비고, 국립문화재 연구소의 간행물을 탐독했고 재일사학자 이진희씨를 비롯 국내의 일본연구서도 고찰하였다.

저자의 해석문은 첫째·둘째·셋째·넷째의 한문본을 가지고 현토(懸吐)를 했고 직역으로 정해(正解)하였다. 저자는 석비문을 12단원으로 분류하였고, 중요한 부분은 주해(註解)를 붙였고, 설명이 더 필요한 부분은 해석자의 설명을 더 하였다. 특별한 것은 일본식의 의역을 버리고 직역을 원칙으로 하였고 원문의 뜻을 충실하게 보전하였다. 학자들의 검정을 돕기 위해 가능한 한 직역을 하는 것이 학자들을 돕는 것이라 생각한다. 따라서 저자는 해석법의 원칙을 벗어나지 않으려 했다. 또 정탁본의 문제점을 분석했는데 채탁과정에서 오류발생이 있음을 지적했다.

첫째, 한문식 문장을 전제한 채탁이기 때문에 오류가 많고.
둘째, 탁본자의 도덕성에 문제가 있었다.
셋째, 채탁된 탁본문을 편집할 때 순서가 바뀌는 실수.
넷째, 한문식 문장에 맞추려고 부사(副辭)를 조사(助辭)

로 오탁.

 다섯째, 한국의 역사를 모르는 자들이 한문 해독으로 판독. 이처럼 정탁본도 문제가 있음을 확인하였다. 또 조탁본과 쌍구가묵본도 오류는 똑같아서 사실상 탁본의 오류와 오판을 고쳐야할 것이다.

● **해독자에 대한 문제점**

 중국측 학자들은 1882년까지 대부분 해독이 완성되지 않았다. 한족 문사(漢族文士) 왕언장(王彦莊)씨가 만주인 문사 영희(榮喜)에게 태왕의 석비를 보여주고 해독하기를 요청했고, 영희가 해독하므로 중국 학자들은 비로소 해독문을 제대로 갖추게 된다. 그러나 영희의 초기(初期) 해독문은 결자가 많고 오류가 많았으나 일본 정보 당국은 바로 초기 탁본문을 가지고 가서 조작하게 된다. 영희는 창강을 만난 뒤에 고치고 보완된 해독문으로 바뀌었고, 1908년 죽기 전에는 더 세련된 해독문으로 바뀌었다. 그러나 일본 정보원〈酒勾〉는 영희가 죽은 후 자살한다. 태왕의 석비문을 가지고 잘못 이용한 자들의 말로(末路)는 이처럼 태왕으로부터 벌을 받았는지 모르겠으나 결과는 불행했다. 다행히 영희는 죽기 전에 자신의 연구과정을 창강에게 보여주었고 많은 자료를 넘겨주고 죽었다. 그러므로 창강의 해독문은 최고의 것이다. 그러나 창강도 오판한 부분이 있었고, 성균관 시절의 제자〈단재와 소앙〉에게 넘겨주었다.

아쉽고 안타까운 일은 단재는 창강의 주장을 오판하여 〈고구려 천하〉에서 삼국시대의 백제, 신라는 태왕의 속국민이라는 역사관을 확고하게 주장하게 된다. 단재의 주장은 후일 한국이 남북으로 분단될 때 북한 집권자 들은 단재의 주장을 기초로 북한 정권 당위성을 옹립하는 이론 제공의 근간이 된다. 이처럼 단재의 공과는 두고두고 회자될 것이다. 그러나 창강은 애써 연구한 방대한〈한국역대소사〉를 집필 발간된 책을 고국으로 보냈지만 총독부에서 압류하므로 빛을 보지 못했다. 창강의 공과는 앞으로 재조명 되어야 한다. 〈소앙〉선생은 창강의 석비문을 다시 정리, 창강의 오류를 삭제했고 저자는 창강과 소앙의 연구서가 가장 잘 정리된 것이라고 보고한 바 있다. 이로써 영희→ 창강 → 소앙 → 저자까지의 태왕 석비문 연구는 77년의 세월동안 연계된 노력의 결과다.

그러나 석비와 관련한 영희는 일본정보원에 매수를 당하고 창강은 중국민으로 귀화하고 소앙은 납북되어 대동강에서 시신을 찾았고, 저자는 제도권의 학자가 아니라서 제도권이나 정부의 도움 없이 가족과 지인의 도움으로 여기까지 왔다. 이제 와서 누구를 탓할까? 태왕의 석비가 1600년이나 비바람과 찬 서리 맞아가며 버텨온 역사의 실체인데 후학의 고달픔이야 태왕과 선조의 상심(傷心)만 할까. 다만 제도권 학자들은 안정된 생활보장, 법적 지위 보장, 연구비 지원 속에 못할 일이 없을 것인데 왜 태왕의 석비문은 더 연구할 것이 없다고 방치해버렸는가 묻고 싶다. 무명한 학자를 떡을 만드는 교만함과 남의 공을 탐하는 못돼 먹은 일부 학계의 풍조는 하루 빨리 청산되어야 할 일이다. 또 제도권에서 못한 일을 개인이 해결했으면 고마워 할 일을 직무를 유기했다가 뒤늦게 〈검정〉을 해야 한다면서 잣대를 대는 몰염치는 사실상 학자의 도리가 아니라 생각한다. 책으로 나오기까지 4~5회 학술발표를 하는 동안 언론의 관심을 받지 못했으나 저자의 강연을 듣고 반론을 제기하는 이는 없었다. 130년 동안 직무를 유기한 자들이 이제야 검정을 하겠다고 자료를 보내라 한다. 일본과 중국 측 학자들도 저자의 강연회에 왔으나 반박하는 자는 아무도 없었다. 이 일은 나라가 없었던 시절에 선배 학자들이 이국땅에서 온갖 고초를 겪으며 이뤄낸 노고를 후학들은 경의와 감사의 표시는 할 줄 알아야 학자의 도리가 아닐까?

- 해석저자는 누구인가?

해석 저자는 정통 한문학자다. 그는 안동을 본관으로 유학자의 집에서 태어났고 초등학교 입학 전에 한문서당을 먼저 다녔다. 그는 6.25휴전 기간에 중공군 포로를 동원 저수지 공사를 하는 피난지에서 만주출신 포로들에게 누룽지나 떡을 주면서 만주식 한문을 배운 기억이 있다고 하였다.

그는 10대 나이에 공맹(孔孟)과 노장(老莊)을 읽었고 병서(兵書)와 서경(書經), 송사(宋詞)를 즐겨 읽다가 출가(出家)하였고, 수년간 불경을 읽고 선문(禪門)에 들어간 이후 책을 덮었다. 산사(山寺)의 생활을 마치고 귀가하여 그는 관념적 한문을 싫어한다며 운영하던 서원(書院)의 문을 닫고 고대 조선민의 문자가 궁금하다며 이두(吏讀)와 만주어에 관심을 가지고 연구를 하더니 태왕의 석비문은 한문식 문장이 아니며 고구려 태학사문(高句麗 太學詞文)이라 하였다. 태학사문의 특징은 이두와 다르게 한문식 서술문이고 주제어는 그 당시에 쓰는 일상적 용어와 공유어를 중국과 조선 두 지역의 글을 합체(合體)한 글이며 고구려 조정과 태학자들이 보통 쓰는 글이라 하였다. 얼핏 한문 같아도 중국인은 읽지 못하며 조선민이나 고구려 사람들은 읽을 수 있다고 하였다. 중국인이 읽지 못하는 이유는 허사(虛辭)를 쓰지 않기 때문에 사성(四聲)과 운율에 익숙한 중국인들은 사문(詞文)을 읽지 못한다고 하였다.

  해석저자는 태왕 석비문을 해석할 수 있는 탄탄한 한문 실력과 만주어와 고대어를 연구한 어문의 기본이 있었으므로 해석이 가능했고 문장 해석에 큰 어려움이 없었다. 다만 석비문을 익숙할 때까지 기다린 세월이 24년이었다.

  부족한 글을 읽어주신 독자에게 감사드린다.

저자 김덕중

한국의 존재가치

● 단군과 광개토태왕의 철학은 학문의 보석 같은 존재다.

지금까지 세계의 석학을 비롯하여 누구도 찾아내지 못한 인류보전의 철학은 한국에 있었다. 이것은 아직 캐내지 않은 보석이다. 고대 한국의 철학은 단군임금의 고민에서 나온 인류보전의 철학이고 광개토태왕의 철학은 국가와 종족보전의 철학이다.

이것은 서양이 잃어버린 〈민족〉의 개념이다. 그들은 민족을 잃어버렸으나 〈공동체〉라는 개념으로 국가를 구성한다. 그러나 서양철학은 〈민족〉을 찾으려 했고 그 기반에서 국가를 구성하려 했다. 그러나 히틀러와 무쏠리니가 망쳤다. 우리는 그들이 찾으려는 〈민족〉을 소중한 보석인 줄 몰랐다. 한국민이 중국문명에 현혹되어 내 것을 보지 못했고, 근세 이후는 일본 문화가 내 것을 찾는 일을 방해하였다. 지금은 새로운 이념과 도전에 대응한다.

이제 한국 학자들은 의연하게 자신의 경지를 우리 것에서 찾아 품어야 하며 중국과 일본의 문명을 냉정히 직시해야 할 것이다.

한국민은 수천년 동안 중국 패권주의자들에게 시달렸고 일본의 침략에 시달렸으나 민족이 보전되고 버텨낼 수 있었던 것은 단군과 광개토태왕의 터전을 떠나지 않았기 때문이다.

나의 책은 작은 책이지만 중국과 일본의 지식과 두터운 서책에 압도당하지 않을 것이다. 나의 책은 인류에게 바치며 단군과 광개토태왕의 철학은 인류와 국가를 구원해줄 지혜의 선물이 될 것이다.

이 책이 세상에 나오기까지는 24년 동안 나의 아내와 가족들의 헌신적 지원이 있었고 지인들과 삼균학회 조만제 이사장님과 KD건설 김석구 대표님의 출판비 지원과 지식을 제공해준 전우성 교수와 늘 용기를 주고 힘이 되어준 이병국(미래산업디자인 연구소장) 교수와 건강을 돌보아 주신 박희일님께 감사한다. 이로써 대한민국 정부와 제도권 학자들은 한 개인에게 크게 빚을 졌으며 굳이 국가가 보상하겠다면 감사히 받아 빌딩 미화원 아내에게 바치고 싶다. 모두에게 감사드린다.

저자 김덕중

차 례

○ 태왕 석비문을 해석할 수 있었던 배경 ·············· 3
○ 해독자에 대한 문제점 ································· 5
○ 해석자는 누구인가? ··································· 7
○ 한국의 존재가치 ······································· 9
1. 머 릿 글 ··· 13
2. 일러두기 ··· 16
3. 지식인이 풀어야 할 숙제가 있었다. ·············· 20
4. 광개토태왕 석비문 보고서 ························· 23
5. 한·중·일 태왕석비문 연구실태 ··················· 25
6. 한·중·일 연구자에 대한 비판 ···················· 29
7. 아시아의 미래는 어떤 모습일까? ················ 45
8. 광개토태왕 석비문 연구의 선구자 ··············· 56
9. 광개토태왕 석비문 연구사례 비정(批正) ········ 74
10. 광개토태왕 석비문의 비밀들 ···················· 122
11. 은둔자의 선택 ···································· 127
12. 종족 보전의 길은 있었다. ······················ 133
13. 현실론에서 인식하라. ··························· 138
14. 문제를 어떻게 파생할 것인가? ················ 141
15. 광개토태왕의 파생적 인식 ······················ 143
16. 단군 철학의 파생적 인식 ······················· 146
17. 참조자료 ··· 151

18. 광개토태왕 석비정해본 ·· 157
19. (1) 건국 편 ·· 159
20. (2) 영락태왕 편 ·· 173
21. (3) 조공 편 ·· 178
22. (4) 백잔토벌 편 ·· 183
23. (5) 토곡 편 ·· 190
24. (6) 백잔위서 편 ·· 191
25. (7) 구왕신라 편 ·· 193
26. (8) 왜불궤 편 ··· 198
27. (9) 정소왜구 편 ·· 200
28. (10) 동부여 편 ·· 202
29. (11) 수묘인 편 ·· 204
30. (12) 장수대왕에게 남긴 유훈 ··· 208
　○ 광개토태왕 석비문의 관련사 편련표 ························· 214
　○ 부록(정탁본 자료) ·· 215

머 릿 글

 이 책에서 펼치는 사론(史論)은 북아시아 동쪽에서 시작한다. 비롯한 때가 언제인지 모르겠으나 해가 지면 서쪽 하늘에 샛별(金星)이 떠서 밤사이 동쪽까지 오면 새벽이 열린다는 옛 조선 역사의 이정표 앞에 섰다.

 하늘이 훤하게 태양이 뜨기 전에 꼬박 밤을 새워 대지를 지켜준 샛별은 사라진다. 햇살이 대지(大地)를 깨우며 강을 건너 숲속으로 들어가 그늘진 땅에 기운을 불어넣고 마을과 모든 생명을 깨워 일으킨다.

 개국(開國)이래로 삼한조선(三韓朝鮮)의 하늘은 샛별과 태양이 늘 이렇게 밤과 낮을 지켜주고 그래서〈삼한조선〉이란 어원에는〈샛별과 태양의 나라〉라는 뜻이 있었다. 백두산에 해가 우뚝 서면 햇살은 대륙 구석구석을 찾아가 살피고 서간도(西間島)땅 한 숲속으로 들어가 차가운 비석 하나에 멈추었다 떠난다.

 천육백년 동안 사람을 멀리하고 오로지 샛별과 대지와 태양이 지켜준 석비는 바로〈광개토태왕의 석비〉다. 단군의 고구려 민족사는 이렇게 버려진 땅에 있었던 것이다. 우리민족은 어떤 이유로 한 영웅의 족적을 이렇게 까맣게 잊고 살았을까? 옛 조선의 후예라 했던 고구려가 망하여 땅을 잃더니 그 후예들은 비석 앞을 지나다녔어도 우리는 민족의 유물인지 몰랐고 우리의 역사를 기록한 유산인지도 몰랐다.

중국의 한 왕족고향이라 했던 봉토(封土)의 땅, 아무도 출입할 수 없게 한 봉토. 그래서 봉천(奉天)이라 했던 땅에 〈광개토태왕〉의 능이 잠자고 석비가 서 있었다는 것은 이곳이 바로 우리의 옛 땅이라는 증좌가 아닌가. 그러나 부끄럽게도 다른 나라 사람이 발견하였고 일본제국이 엉터리 해석문을 세상에 알리므로 그때서야 우리 것인 줄 알았고, 우리는 눈이 있어도 까맣게 몰랐던 역사의 배반자가 되고 말았다.

석비가 발견된 지도 130년이 지났는데 일본이 조작한 석비문을 진짜 정해(正解)는 밝혀내지 못하였다. 우리는 모두 〈헛똑똑이〉였고 학자들이 잘난 권세가의 그늘에서 눈치만 살폈고 직무를 유기하고도 바빠서 시간이 없었노라 나 몰라라 한 세월이 130년 이다. 비석의 존재가 우리의 유물이고, 유산이면 제도권 학자들이 그 내용을 진작 밝혔어야 했고 정부는 보호하고 관리할 후속조치를 했어야 했다. 그러나 학자나 작가들이 실체의 진실이 무엇인지 아무것도 모르면서 연구서는 돌아다니고 〈드라마〉가 제작되고 소설이 나오니 누구나 다 〈광개토태왕 석비문〉을 잘 안다고 한다. 일본학자는 무엇을 믿고 〈고대사에 하나도 고칠 것이 없다〉 큰소리 치고, 중국은 저희 것이라 세계문화유산으로 등재했으니 〈광개토태왕의 석비문〉은 과연 누구의 역사가 기록되었단 말인가?

우리는 국가 재산을 팔아먹어도 책임지는 사람이 없는 나라였다. 유물 하나조차 지키지 못한 책임을 누구한테 물어야하며 뒤늦게 변명을 해봤자 정부와 학자 그리고 국민은 역사의 죄인임이 분명하며 우리는 역사의식도 잃어 버렸고 비석 하나조차 지키지 못한 못난 민족이 되고 말았다.

오대양 육대주를 좁다하고 정권조차 손가락 하나로 갈아치우는 똑똑하고 무서운 사람들이 단 2천자가 안 되는 석비문을 풀지 못해 수모를 당하는가?

문맹자 찾기가 더 어려운 나라, 세계10대 강국이라 자랑하는 우리나라가 비석하나 지키지 못하고 〈석비문〉을 풀지 못하고 방치했다면 〈대한민국〉은 헛바람만 가득찬 형편없는 나라가 아닐까?

유구한 역사와 찬란한 문화민족이라는 자랑은 새빨간 거짓말만 늘어놓은 꼴이 되었다.

해석저자, 김덕중

일러두기

첫째 이 보고서는 〈광개토태왕 석비문〉 또는 〈태왕석비문〉으로 통일한 호칭을 사용한다. 그 이유는 석비문에 태왕을 호칭한 시호가 〈국강상 광개토경 평안 호태왕〉으로 추서되어 있기 때문이다.

그 뜻은 다음과 같다.

ㄱ. 국강상(國剛上) : 나라를 금강석 같은 든든한 반석 위에 올려놓으시고.

ㄴ. 광개(廣開) : 문호를 크게 여시고.

ㄷ. 토경(土境) : 잃은 영토를 찾아내어 회복하시고.

ㄹ. 평안(平安) : 백성을 안심하고 살게 해주시고.

ㅁ. 호태(好太) : 정의로우시고, 널리 존경 받으신

ㅂ. 왕(王) : 왕이시다.

생존시 왕호는 영락태왕(永樂太王)이며, 정탁본 서에 분명히 태왕(太王)으로 있기 때문이다.

한편 중국에서는 호태왕(好太王)으로 호칭했는데 조선의 왕 중에 유일한 〈존경받아 마땅한 정의로운 왕〉이라 하였다.

둘째, 비를 세우고 능을 옮긴 때는 평양천도 이후 445년(장수왕34년)이다.

능비(陵碑) 또는 능비문(陵碑文)이라고 학자들이 여러

가지로 호칭하는데 동의할 수 없는 이유는 석비문에 능에 관한 내역이 기록되지 않았다. (수묘인과는 관계없음)
또 능과 석비가 다른 점은 (乙酉遷就山陵於是立碑銘記) "을유년 (장수왕 34년)에 능을 산으로 새로 모셨고 이곳에는 (훈적)을 기록하고 새긴 비석을 세웠다" 하였으므로 능과 석비의 자리는 따로따로 존재한다는 뜻이다. 그러므로 능비 또는 능비문을 쓰지 않고 〈태왕석비문〉으로 통일하였다. 단 비석을 석비라 한 이유는 보통 비석과 다르게 역사기록 즉 〈돌에 역사를 새긴 비〉라는 뜻이다. 또 석비를 세운 때는 414년(장수왕 3년)이 아니다. 태왕이 돌아가시고 맞이하는 3년 상의 해인데 햇수로는 겨우 2년이다. 태왕의 옥체 시신이 아직 마르지 않은 때며 비문 역시 2년 내에 급조한 문장이 아니다. 또 거대한 비석재료를 구하고 쓰고 새기는 공력이 만만치 않으며 짧은 기간에 할 수 있을 일이 아니다. 이 부분은 한국민의 3년상 풍습을 전혀 모르는 자의 오판이므로 한국학자들은 변명꺼리를 찾지 말고 바로 고쳐 쓰기 바란다.

단재 신채호(1880~1936) 선생에 대해 말하지 않을 수 없다.
단재가 〈광개토태왕〉을 영웅으로 존경하기까지는 납득이 되지만 석비문을 잘못 판독하고 위증한 실수 때문에 한국 역사와 한국인의 심성을 분열시킨 책임이 있다. 그의 위증을 지지하고 해석을 따라한 정인보와 북한 역사학자들은 결국 분열의 역사를 만들고야 말았다. 나는 개인적으로 단재를 존경하지만 위증을 했다는 데서 경악하여 3년 동안 글을 더 쓰지 못하고 방황하였다.

그러나 사실을 말해야 하는 것이 도리(道理)라고 생각을 고쳐먹고 계속 연구를 진전시켰는데 한편으로는 단재의 마음을 헤아려 보기로 했기 때문이다. 일제 치하에서 한국인에게 희망이 보이지 않은 때에 우리 마음속에 〈태왕〉을 심어서 의분을 일으킬 목적은 옳았다. 그러나 해방이 되었고 그것이 남북 분열의 원인 제공으로서 북한 학자들이 단재와 정인보의 역사 증언을 이용했기 때문에 결국 분열이 되었다면 역사가들의 위증이 얼마나 큰 죄인가?

소위 고구려 천하에서 백제, 신라는 지배받는 나라들이고 그들은 고구려의 후예로서 대한민국을 인정하지 않으려는 논리에 바로 단재와 정인보의 증언이 큰 배경이 되기 때문이다. 그들은 6.25 남침조차도 〈통일전쟁〉이라 우기는 것도 같은 선상의 주장이다.

셋째, 〈광개토태왕〉은 동족을 고구려의 속국민으로 다스린 때가 없었다. 고구려, 신라, 백제, 부여, 가야 등은 그들이 각자 멸망할 때 까지 모두 조선민의 고구려, 조선민의 신라, 조선민의 백제, 조선민의 부여, 조선민의 가야로 모두 독립국으로 살았고 〈태왕〉은 그렇게 살도록 도와주었다. 태왕은 조선의 유훈을 지켰고 욕망의 군주를 제어하는 〈경찰 토벌군〉 즉 〈관병〉 제도를 만들어 조선의 종족과 조선의 민족을 보호했던 평화주의자였다는 사실을 자각하기 바란다. 그 증거가 바로 〈광개토태왕 석비문〉에 있음을 확인하게 될 것이다.

다섯째, 〈태왕 석비문〉은 조선민의 문장방식인 사실문과 고구려의 태학사문(太學詞文)으로 해석된다. 태학사문은 중국식 한문 구조와 조금 다르다. 석비문에 관한 보고서를 읽게 되면 깨닫게 될 것이다.

여섯째, 책에 쓰인 용어 중에 "보편적 가치", "보편적 인류" 등의 현대식 용어는 서구식 용어지만 적합한 표현이라서 차용해 썼다. 고대시대의 용어와 배치되지만 이해에 도움이 될 것이라 생각했다.

일곱째, 정치, 경제, 사회, 문화 전반에서 명쾌한 해답을 필요로 할 때에 석비문에서 그 길을 찾게 될 것이다.

지식인이 풀어야 할 숙제가 있었다.

개인마다 맡은 과제와 숙제가 있듯이 한국민에게 두가지 숙제가 있었다.

첫째는 한국고대사의 실체를 밝히는 것과 둘째는 광개토태왕 석비문의 비밀을 밝히는 것이다. 우리나라가 선진국이라면 두가지 숙제는 벌써 해결되었을 일이다. 이 문제는 남의 나라에 의존해서 해결할 일이 아니며 한국민 스스로 해결할 일이었다. 우리나라에 교육기관과 학자가 있는데 왜 두가지 숙제는 과제에서 **빠졌는가**?

대중이 역사에 관심이 없다 해서 민족 숙원을 **빼버린다**면 학문하는 풍토라 할 수 없다. 필자는 제도권의 학자가 아니라서 연구비 한 푼 지원 없는 광개토태왕 석비문을 24년 만에 완역하였다. 석비문을 풀다보니 고대사까지 갈 수 있었고 독자가 읽게 될 보고서는 바로 단군의 한국고대사와 광개토태왕 석비문의 완역문이다.

필자는 글을 전문적으로 쓰는 학자가 아니라서 재미있게 쓸 줄도 모르고 문맥이 매끄럽지 못하다. 오직 진실에 목마른 사람에게는 벗이 될 것이다. 꿈보다 해몽이라는 속담처럼 독자가 널리 이해하고 읽어주기 바란다. 세계사에 한국사가 없고 세계사조에 한국사상의 자리가 없다. 이로써 한국사와 한국사조는 국제 학계에 당당히 보고되기 바라고 세계사에 편입 인류사에 공헌하고 대한민국의 학풍이 만만치 않음을 보여줘야 할 것이다.

그러나 태왕의 석비문은 한국민에게 어떤 의미가 있는 것일까? 그 의미를 찾기 위해 연구를 중단할 수가 없었고, 그 결과 놀라운 해답을 가지고 있음을 확인했을 때는 한국이 보이고, 아시아가 보이고, 세계가 보였다. 이제 독자 여러분이 확인할 것이다.

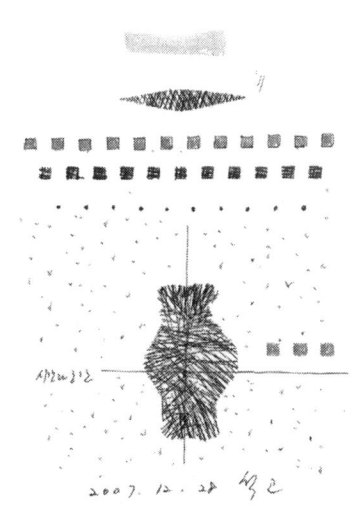

광개토태왕 석비문 보고서

1

세계의 지식인과 한국의 사상
세계 역사학자와 한국의 역사

한·중·일 태왕석비문 연구실태

　중국에서 광개토태왕석비를 발견한 때로부터 130여년 동안 중국 학계는 석비문내용에는 관심이 없고, 뜻밖에 석비문 서체에만 관심이 높았다. 1882년까지 학자들은 석비문 내용이 무엇인지, 무엇을 기록했는지 아무것도 모르다가 만주인 문사가 확인하고 석비를 탁본하여 석독한 결과 고구려 비석이라는 사실을 알게 되었다. 이후로 만주인 문사는 중국인 학자명단에서 사라진다.

　탁본은 대량 퍼져 나갔고 대부분 서예가들 손에 들어갔으며 석비문을 연구하는 방향으로 가지 않고 호태왕석비문 서체로 중국 서예계는 떠들썩했다.

　사실 석비는 탁본하지 않으면 읽기 힘들다.

　청·일 전쟁, 로·일 전쟁 이후 만주지역을 점령한 일본군부는 광개토태왕의 석비문을 확보하려 했고, 현지에서 여러 벌 구입해갔다. 그러나 탁본문을 앞에 놓고 해독할 수 없었다. 그들은 만주인 문사를 매수, 석비문의 개요를 알게 되었으며, 석비문 내용을 터득한 이후 만주인 문사를 미친 사람, 소설 쓰는 사람으로 매도했고 결국 간첩 누명까지 씌웠다.

● 일본군부와 중국학계는 만주인 문사 매장시킴

　사람들의 머릿속에 만주인 문사는 신용 없는 사람으로 매장될 때쯤 일본정부는 광개토태왕 석비문의 존재를 지상으로 발표했으며 해석문이라기 보다 애매한 문장으로 개조하여 발표했다. 결자부분까지 공개하면서 〈일본은 과거 대륙과 연관이 있고 한 때 한반도를 지배했을 것〉이라는 해설을 더 하였다. 대한제국의 지식인들은 일본군국정부가 지상으로 발표한 뒤에야 알게 된다.

　1903년 대한제국은 일본 정보원이 제공한 석비문이 홍문관에 들어왔다. 홍문관에 입수된 비문이 여러 정황으로 봐서 의심스러워 찬집위원과 사관들이 현지에 사람을 보내 확인하기를 요구했으나 찬집책임자 박용대는 묵살했다. 격분한 사관 중에는 사직서를 던지고 중국으로 이주하여 광개토태왕 석비문 자료를 수집 본격적으로 연구한 학자가 있었으나 중국현지에서 출판하여 고국으로 보낸 서책을 총독부는 압류도서로 서고에 넣고 말았다. 아직도 국립중앙도서관에 그대로 잠을 자고 있음을 참고로 기억할 일이다.

　본 연구자가 2009년부터 삼균학회를 통해 서울역사박물관에서 그분의 행적에 대해 공개했으나 학계는 아직 논의조차 없다.

- 역사는 국가 문서다.

 홍문관 찬집책임자가 마음대로 국가문서를 묵살할 수 있으며 국가 기록물을 마음대로 폐기할 있는가? 한국은 요즘 NLL과 관련한 대통령 문서 수정 문제로 떠들썩한데 어림없는 소리들을 하지 말라. 단, 한자도 고치고 수정할 수 없는 것이 국가문서다. 교과서도 마찬가지다. 교과서에 좌파, 우파의 두 교과서는 있을 수 없다. 국민교육기반을 교과서가 분열시켜서야 되겠는가? 교과서에 실리는 진실은 오직 하나뿐이다. 두 개의 주장을 실은 교과서를 출판해서 어쩌자는 것인가? 결과적으로 국론 분열의 책임은 누가 진단 말인가? 한일 병합이후 홍문관 찬집책임자는 일본천황으로부터 작위를 받아 호사스럽게 살다 죽었겠지만 국가문서를 다루는 위치에 있는 자는 매수당할 위인이 지킬 자리가 아니다. 국가 기록물은 영토와 같아서 훼손되어서는 안 된다는 것은 상식이다.

- 중국과 일본은 처음에는 석비를 읽지 못했다.

 광개토태왕 석비문은 발견했을 당시 중국학자도 내용을 짚어내지 못했다. 그러나 만주인 학자에 의해 석독이 가능했고 비석이 고구려의 유물로 판명 났을 때는 비밀을 해제하고 서체에만 관심이 있었다는 것, 청·일 전쟁과 러·일 전쟁에 승리한 일본 군국주의자들은 만주를 장악하여 정보를 무차별 수집 일본으로 보내졌고 연구하게 했다는 것, 한국은 을사늑약 이전에 이미 많은 정보가 일본으로부터 들어왔다. 문서를 정리하는 홍문관은 일본정보원에 매수당하여 그들이 주는 문서를 한국정사에 기록하는 일들이 벌어졌다. (증보문헌 비고 참조) 광개토태왕 석비문도 일본에서 들여온 문서자료와 함께 들여놨고, 홍문관은 사실여부를 확인하는 절차를 밟지 않았다. 이것이 후일 일본 역사학계가 한국을 얕잡아보는 자료로 이용한다.

이것은 그들이 변조한 자료를 우리 정부가 수용하고 국가문서로 기록해 두므로서 일본이 한국 학자를 가볍게 보는 이유다. 해방이 된 때가 언제인데 아직 아무것도 모른다면 한국학자들은 자존심도 〈밸〉도 없는가?

위에서 예시한 것처럼 광개토태왕 석비문은 처음부터 정상적인 연구체계를 갖지 않았고 일본은 만주인을 매수하여 비문의 대략을 듣고서야 알게 되었고 만주인은 일본 정보당국으로부터 이용당하고 버림 받았다. 그의 억울함을 이해했을 것이다. 만주인이 한국학자에게 진짜 비문을 전해줬다는 것은 한국인 벗에게 사과한다는 뜻이 있지 않았을까?

한·중·일 연구자에 대한 비판

앞 글에서 연장하여 학자들의 실명을 등장시켜 전개하면 1882년 중국인 문사 왕언장(王彦莊)씨는 도무지 읽을 수 없는 비석을 어루만지기만 했다.

그는 만주인 문우(文友) 영희(榮喜篠峰 1854~1908) (長白山人)에게 비석을 보여주었고 영희는 탁공을 시켜 찍어낸 탁본문을 석독했고 고구려 광개토태왕 석비문이라 보고했다.

영희의 석독문을 분석한 중국문사들은 문장 내용에 중국 조정과 관련한 내용이 없음으로 비밀을 해제했다. 다만 서체의 독특함을 공개 서예가들의 관심을 갖게 된다.

비문에 왜구가 등장하기 때문에 누군가 그 정보를 팔았고 만주지역에 군영을 설치한 일본 정보원에게는 관심의 대상이었다. 최초의 석독자 만주인 문사 영희를 매수하여 영희로부터 비문의 대략 개요를 설명 듣고 메모를 한다. 그들은 영희에게 어떤 댓가를 주고 매수했는지 알 수 없으나 탁본문과 해석문을 일본으로 보냈으며 그 후 영희를 매도하게 되고 간첩 누명을 씌웠다. 영희의 메모와 증언을 챙긴 뒤에는 미친 사람이라 매도했고 중국 학계에 매장시키는 공작을 했다. 영희는 중국학자의 명단에서 사실상 사라졌고, 일본 학계는 중국학자들을 일본으로 초청, 강연과 학술대회를 개최하기도 하는데 초청되어간 학자들은 일본의 해석문을 지지하게 된다. 일본측에서는 영희가 가지고 있었던 진실은 미친 사람이라 매도하지만 사실상 그들은 영희의 설명과 메모로 비석문 해석의 실마리를 겨우 짚었다는 점을 독자들은 기억해 두기 바란다. 그들이 영희를 제거할 때는 영희의 증언과 전혀 다른 결과를 만들기 위한 공작이었으리라는 것은 논리적으로도 성립된다.

● **석비문을 몰랐던 일본측 학자들**

일본측 학자들은 같은 한문권이지만 광개토태왕 석비문을 전혀 몰랐을 것이라는 것은 중국의 문사들도 처음에는 무엇인지 몰랐던 것처럼 영희의 설명 없이는 누구도 몰랐다는 것이 사실이다. 그러나 일본측 학자들은 영희의 증언에서 그들에게 불리한 부분을 다르게 표현할 방법을 조작하려 했을 것이고 그들에게 유리한 문장으로 변조 또는 개조할 공작을 했다는 것은 영희가 진실을 알고 있었던 문사였기 때문에 그들에게는 큰 걸림돌이었을 것이다. 그러나 영희는 멀쩡한 사람이며 천재적 문객이어서 한국에서 이주한 홍문관 3품 사관(史官) 창강 김택영(創江 金澤榮)과 문우가 되어 창강과 함께 석비문을 완전히 해독해 내었다.

창강은 한국의 문사출신이며 정통사관이어서 영희에게

는 고대조선사를 공부할 기회였고 같은 조선의 자손이라는 동질감이 통했는지 창강은 영희로부터 많은 자료를 제공받게 된다. 또 중요한 것은 창강과 영희는 광개토태왕 석비문을 공동연구를 한듯하다. 석독문의 자료는 영희가 제공하고 오류를 고쳐 각자 문집을 편찬하게 된다. 창강은 이미 〈한국역대소사〉를 집필하고 있었으며 석비문은 고구려 편에 넣고 출판을 했다. 출판된 책을 고국으로 보냈으나 고국은 이미 군국주의 일본제국이 통치하고 있을 때라서 창강의 한국역대소사는 총독부 서고에 넣고 일반에 공개하지 않았다. 창강의 석비문이 완성하기 전에 영희는 1908년 먼저 죽었다. 영희의 석비 해독문은 아직 미완의 것이었다.

● **총독부 서고에 들어간 역사서**

1922년에 보내진 책은 아직 우리나라 국립중앙도서관에 잠을 자고 있음을 필자가 확인했다. 독자 앞에서 발표하고 있는 광개토태왕 석비문은 바로 창강 선생이 편찬한 한국역대소사에 수록된 석독 한문본 자료를 참고 했음을 미리 밝힌다. 여기서 독자가 알고 기억해 둘 것은 창강과 영희는 일본 측으로부터 공작대상 인물로서 영희는 이미 매수당한 경험이 있고 중상모략으로 중국학계로 부터 요주의 인물이 되었다. 그리고 일본 측의 공작으로 매장을 당했었다.

창강은 홍문관 정3품 사관으로 증보문헌 비고 찬집위원이였으나 찬집책임자 박용대(朴容大 1849~)에게 홍문관에 입수된 석비문은 오류와 결자가 많으니 현지에 사람을 보내 확인하자 했으나 친일파 박용대는 듣지 않아 창강은 사직서를 내고 중국으로 이주한 사대주의 수구파 학자다. 따라서 창강과 영희는 일본의 공작에 희생된 입장이며 석비문 연구와 재편집과정에서 의도적으로 부분적이지만 위증하였다. 그 부분은 본문에서 확인하게 될 것이다. (본문 참조)

> 영희와 청강은 광개토태왕 석비문 연구자로는 최고의 학자다. 다만 해석본(한글)이 없어 필자가 해석하여 세상에 알리게 되었다.
>
> 광개토태왕 석비문은 중국학자들도 처음에는 몰랐다는 것과 만주인 문사 영희로부터 보고를 받고서 알게 되었다는 점 일본 측도 내용을 몰랐다가 영희를 매수하여 석비문의 내용을 알게 된다. 한국은 일본 정보원으로부터 입수한 엉터리 비문을 증보문헌 비고에 기록되었다.
> 한국은 창강 선생이 중국으로 이주하여 비문을 연구한 전문 사관이라는 점과 그러나 창강의 한국역대소사는 아직 빛을 보지 못하고 있는 실상을 정부에 건의하였다. 창강과 영희의 광개토태왕 석비문은 정본에 의해 연구를 했지만 부분적으로 두 학자도 조작이 있음을 필자가 술회했다.

지금까지의 증언에서 중국은 그들과 문제 삼을 부분이 없으므로 비밀문서에서 해제했고 다만 호태왕비문서체로 더 유명해 졌으며 중국 측 학자나 사업가들은 석비문을 대량 제작하여 중국 서예가와 한국과 일본에 팔았다. 도록집으로도 대량 출판 보급했고 서예애호가들에게 큰 호평을 받는다. 일본측은 비문을 대륙진출에 이용하려는 목적을 가지고 영희를 매수하고 매장한 뒤에 조작했다는 것도 증언하였다. 중국 측에서는 손해 볼 것이 없으므로 일본측에서 주최하는 요구대로 강연에 참가하고 향응을 받는다. 결국 중국은 손해 보지 않는 장사를 했고 일본은 만주 확보를 합법화 하려고 태왕의 석비문까지 조작했으나 130년 만에 석비문의 진실은 한국인 토종 한문학자에 의해 밝혀지게 된 것이다. 석비문은 누구도 해석할 수 없다고 주장하는 것은 일본 측에서 퍼뜨린 공작이다. 그들의 공작에 한국인 학자들까지 속아서 "비문은 영원히 풀 수 없는 것"이라고 유명한 원로 학자가 초를 치고 진을 빼게 했다. 사실상 해석이 안 될 문서는 없다.(필자)

일본 군국 정부는 1903년 비문을 조작하여 대한제국 홍문관 관료를 매수 동국문헌 비고를 속간하는데 기록하도록 공작을 했고 1907년에 간행된 증보 문헌 비고에 수록이 되었다. 이것은 후일에 있을 한·일 역사문제로 다툼이 있을 때를 대비한 비밀 공작이지만 이것조차 100년이나 더 지난 지금에서 한국 무명학자에 의해 밝힐 수 있게 되었다. 결국 일본은 미래까지 내다보는 기획을 잘 하는 야비한 책략국가라는 사실이 증명되었다.

● 창조, 변조, 개조의 차이점

　광개토태왕 석비문은 단 하나 뿐이다. 석비문을 변조한 자는 원작자를 크게 모욕했다. 일본측 학자들은 목적을 위해 석비문을 변조했고 지식인의 양심을 버렸다. 일본 군국주의자들은 그들의 목표를 위해 남의 역사유물을 변조할 때 그 일을 말리고 중단해야 한다는 지식인이 없었다면 일본 지식사회는 양심을 짓밟은 국제사기집단이다. 여기에 대응하는 한국의 학자들이 연구서에 사견(私見)을 실었다면 변조자의 것을 변질시킨 결과라서 역시 정직한 복원 작업은 아니다. 여기에는 탁공의 사심도 포함된다. 탁공은 석독할 연구자의 요구대로 글을 찍어낼 수 있는 기술과 기능이 탁월하기 때문에 도덕성이 요구되는 전문 직업이라는 점에서 양심의 소유자인가 하는 의문이 있다. 따라서 석비문의 글자의 꼴을 변조한 것은 탁공의 양심에 문제가 있고 정탁본은 그만큼 중요한 위치에 있다. 그러나 또 문제가 있는 것은 아무리 훌륭한 탁공을 만났어도 편집과정에 다시 한 번 위험한 손길에 의해 변조된다는 점을 알고 접근해야 한다. 다행히 이 글을 읽는 독자는 정탁본[1]에 의한 연구서를 읽게 되는 것이며 독자의 불안을 해소할 유일한 선물이다.

---

[1] 참고 : 정탁본집─북경대학에 8질의 석비문이 있다. 이중에 정탁본은 단 3점이며 비록 복사본이지만 필자의 것이 완질의 정탁본집이다. 한국에는 유일한 자료집이며 대학원(도서출판)을 통해 공개될 것이다.

● 창작, 조작, 공작의 차이점

광개토태왕 석비문은 유일무이한 독특한 석비문이다. 서체는 전서, 예서, 해서, 고체, 변체 등을 혼용해 쓰면서도 아름답고 장중하다. 이렇게 아름다운 석비는 예술성으로도 단연 최고의 창작품인데 그 진실을 가리고 방해하기 위해 고의적으로 글을 파괴하고 쓸어냈다면 이 행위는 용서할 수 없는 자로써 반드시 처벌받아야 한다. 또 문장 해독을 조작한 행위는 손으로 하늘을 가리는 행위다. 어리석은 자로서 일본 지식사회는 스스로 고백하고 사과할 일이다. 그리고 세계학계는 일본역사학계에 경고를 해야 할 것이다.

한문 문장의 특징은 문장의 변화가 많아서 한두 자의 글자가 있고 없음에 따라 내용은 당연히 달라질 수밖에 없다. 석비의 파괴자는 문장가로부터 사주를 받지 않았다면 무차별로 파괴했을 것이다. 또 석비의 문장은 일본측에 유리하게 할 목적으로 부분적으로 교묘하게 변조되었기 때문에 태왕의 석비문은 누구의 사주를 받고 요소를 찾아 파괴했다는 확신이 있다. 그러나 문장을 해박하게 아는 자가 저지른 실수는 완벽한 파괴를 할 수 있었을 사건인데도 하늘은 한국을 위해 문장을 해박하게 해석할 수 있는 자로 하여금 해독이 될 수 있어서 미소를 지을 수 있었다. 일본측 학자들은 감히 하늘을 올려다 볼 자격이 없는 자들이다. 조작은 들통 날 수밖에 없고 아무리 공작을 해도 손바닥으로 하늘은 가릴 수 없는 것이다. 그 이유는 한문식 문장으로 해독한 까닭이며, 태왕의 석비문을 중국식 관념적 문장으로 보고 파손했기 때문에 관점이 빗나간 것이다.

● 한국 역사학계

광개토태왕 석비문은 3세기경 한국의 유물이지만 근대사 과정에서 재발견되어서 변조시비에 오른 국제적 연구대상이 되었으며 반드시 명확히 해결돼야 한다. 재발견된 시기가 근대시기이므로 현대사적 사료로 관점을 갖는 것도 바람직하지 않을까. 개인적 생각을 참고해주기 바란다.

그러나 작가들이 영화, 드라마, 소설을 써 대중의 관심을 사로잡았지만 광개토태왕을 고함이나 치고, 야망에 사로잡힌 전쟁광으로 인식을 시킨 점에서는 역사학자들의 방관이 초래한 대단히 빗나간 결과라고 생각한다.

역사학자의 생각이 대중의 관심밖에 있다면 국가의 세비가 아깝다는 생각이다.

내가 만난 세금도둑이나 다름없는 학자들은 대략 다음과 같은 부류다.

1. '다 끝난 얘기를 가지고 새삼스럽게 왜 분란을 일으켜?'
2. "나는 고대사 학자야. 삼국사는 나하고 관계없어! 바

빠서 이만."
3. "나는 근 현대사만 전공해서 잘 몰라"
4. "비문은 아무도 해석할 수 없는 것. 누가 맡겠어? 헛수고 하지 말게!"
5. "그것은 고구려 얘기잖아? 지금에 와서 어쩌란 말인가?"

위의 얘기는 우리 역사학자들의 관심에 석비문은 "나하고 아무 관계가 없다" 라는 술회다.

대단히 죄송하지만 태왕의 석비문은 대한민국인의 숙제다. 특정인이 해야 한다는 특허품이 아니다. 누구나 다 안고 있을 과제라 생각한다. 이처럼 잘못된 시각을 가지고서야 일본학자를 상대로 어떻게 사죄를 받아낼까? 일본측은 진실이 영원히 은폐되어 그들이 주장한 해석문이 이미 세계학계에 설득되었다고 생각하기 때문에 뒤집힐 것을 염려한다. 사실상 국제적 사기행각이며 들통 나는 것은 참을 수 없는 일일 것이다.

국가가 국조의 유훈이 해결이 되지 않고 있다면 바로 그 일이 나의 일이며 학자들이 명쾌하게 답을 내어놔야 할 일이다. 마치 하청 업자가 일을 기다리듯 하는 태도는 학자의 본분은 아니다. 정부도 과제를 할당하는 풍조를 버려야 한다. 학교나 연구단체에 일거리를 배분하고 연구비를 선심 쓰듯 하는데. 그렇게 나온 결과물의 연구서는 베껴내는 것 밖에 더 있는가? 학생이 숙제를 미루고 있다가 과제물을 제출할 때면 남의 글이나 베껴서 제출하듯 학자들도 같은 짓을 하고 있으니 진정한 학자들인가?

이름난 학자나 교수는 손 하나 까딱하지 않고도 공저자로 편승하는 풍조는 사라져야 한다. 학자들이 스스로 해야 할 공부를 의뢰를 받고서야 자료를 수집하는 풍조는 사실상 실적주의이며 아무 책임감 없는 연구비 도둑에 불과하다.

광개토태왕 석비문은 실적이나 쌓을 성질의 것이 아니며 모든 한국인 자신들의 과제다. 따라서 하청 습성을 가지고 적당히 한건 할 일이 아닌 줄을 자각하길 바란다.

진짜 지식인을 만나고 싶었고 정부와 학계에 반성을 요구한다. 또 일부 학계 단체가 연구비를 독점하는 풍조도 시정되어야 할 것이다.

- 일본 지식계

일본인들은 그들의 과거 정부가 아시아민에게 무슨 짓을 했는지 자각할 때가 되었다.

일본 지식인들은 그들의 선배학자들이 아시아민족에게 무슨 짓을 했는지를 그들의 국민에게 고백해야 할 때다. 일본 수상 석에 아베 같은 자가 있다는 것은 일본의 불행이다. 일본은 역사적으로도 인류사적으로도 악질적 죄를 아시아민에게 저질렀음을 지식인들은 알지 않는가? 그러나 전범자를 미국으로부터 용서 받았다고 아시아민도 그들을 따라서 용서 했으리라는 것은 천만 부당한 말씀이다. 세월이 지났다하여 다 잊었다 생각한다면 착각이다. 아시아의 몇몇 정치인에게 뇌물을 주고 화해 각서 따위를 챙겨 금고 속에 넣어뒀다 해서 계산이 끝났다 착각하지 말라.

● 일본을 용서할 수 없는 이유

서구국가가 아시아, 아프리카 등을 식민화할 때 일본군국주의자들은 빠르게 서구사회를 학습하여 동족 아시아민족을 침탈한 것은 동족의 등에 칼을 꽂은 반역행위였다. 동족 아시아민들이 배반자를 어떻게 잊겠는가?

일본지식인들은 서구로부터 현대화를 빠르게 학습하여 신무기로 아시아동족을 살해하고 아시아동족의 재산을 뺏고 아시아의 역사를 일본의 역사로 바꾸려했다. 역사를 일본의 것으로 하려 했다는 것은 서구 침탈자보다 야망의 욕심 주머니를 하나 더 차고 있었다는 뜻이다.

일본 지식인의 선배들이 야망에 편승, 광개토태왕 석비문을 변조해서 대륙침탈의 목적에 사용했고, 그러나 그대들의 선배들은 완벽한 위증을 했을 줄 알지만 이제는 그 진실이 밝혀지게 되었다. 위증은 반드시 뒤집힌다는 위태로운 거짓말인줄 알면서도 그대들은 우겼고 교만했고 자신만만했다. 지금은 일본 지식인들이 정직한 말을 해야 할 때에 오히려 국민을 선동하는 자리에 그대들이 있을 것이 아니라 진실을 은폐했다는 사실 고백을 그대들의 국민에게 해야 양심 있는 지식인의 도리라 생각한다.

일본은 일본 지식인에게 소중한 배경이지만 일본 국민을 바보로 만드는 지식인이 일본을 지배하는 한 군국주의식 일등국민을 꿈꾸는 정신병자가 아닐까?

일본 지식인은 인류를 생각한다면 지배국과 피지배국가의 관계는 청산되어야 하며 그 일은 지식인이 앞장서야 할 일이다. 시민사회시대는 지식인이 리드가 아닌가? 일본 국민은 보편적 인류와 무엇이 다른가? 대답해보라! 군국시대의 1등 국민의식이 사라졌다고 개탄하는가?

그대들이 현대화에 편승하여 서구식 사상을 수용해 선진 국민으로 행세하지만 과거 범죄에 대한 반성이 없는 지식은 기만이며 그대들의 지식은 책사의 수준이다. 과거의 일본은 빠르게 서구식 선진화를 학습했고 현대사상에 편승해 아시아민을 침탈하는데 서구사회의 지식을 도구로 이용했다. 그러나 패전 이후는 또다시 변신해 미국 자본주의에 편승하여 아시아 일등 국민으로 복귀하여 선진자본국가가 되었지만 단 하나 잊어버린 것은 독일은 전범자 처벌을 스스로 하고 있다는 것을 그대들은 잊었고 전후 전범자와 피해자의 공존 현상에서 서구사회 지식은 포스트모더니즘을 창안. 이성 회복과 새로운 이상을 찾으려 하는데, 그대들의 일본 지식인들은 포스트모더니즘에 또 편승하여 과거는 과거고, 그 전쟁의 과거는 지나갔으니 "바보 같은 사과" 따위는 포스트모더니즘이 아니라면서 전혀 다른 세상의 포스트모더니스트로 변했다.

일본 국가책임자가 〈자포니즘〉를 선동하고 포스트모더니즘을 방패로 삼아 뻔뻔한 헛소리를 거침없이 뱉어내는, 그래서 일본 지식인은 또 국제사회를 속이려 한다는 것이다.

● 중국 지식계

중국은 알다시피 문명국(文明國)이다. 과거 수천 년 동안 문명을 빛낸 훌륭한 국가였다. 문자문명을 가지고 화려한 시와 서(書)를 내었고 공자와 노자 같은 무수한 인물을 배출하였다. 백가의 논설과 훈고학(訓詁學)은 중국을 대표하는 지식의 업적이다. 그러나 문명한 중국은 백가(百家)의 논설을 앞세워 주변 국가를 야만족으로 낮춰 불렀고 따라서 그대들은 오만했고 교만했다. 그대들은 작은 국가들을 이이제이(以夷制夷) 술책으로 많은 나라를 빼앗고 괴롭혔다. 그래서 중국은 빛나는 문명국이면서도 술책들의 나라였다. 책사는 평온해야 할 아시아를 전쟁터로 몰아넣기도 했고 그러나 거대한 중국은 부패와 아편으로 무너졌고 아시아의 자존심도 하루 아침에 무너지게 했다.

● 종족은 인류의 꽃이다.

　중국은 거대한 국가다. 현재는 세계 경제를 움직일 힘까지 있다. 그런데 많은 아시아민의 입장에서 중국을 염려하는 것은 소수민족의 종족파멸이다. 과거에는 영토를 빼앗고 작은 나라들을 흡수하여 거대국가의 울타리를 삼았지만 현재는 울타리를 삼았던 나라들을 자치족이란 이름으로 바꾸었으나 한족을 대거 이동시켜 차지하고 있어서 종족보전의 기회가 봉쇄되었다. 아무리 작은 나라도 종족보전을 바라고 유지하려한다. 아시아는 종족보존이 잘 되어 있는 나라인데도 한족이 아시아 소수 종족을 완전히 파멸시키는 나쁜 나라가 되어 가고 있는 것이다. 종족 보전은 인류의 꽃이다. 한족이 문명국의 국민으로 자랑스럽게 여긴다면 다양한 종족이 자유를 누리고 마음 편하게 살아갈 수 있을 때가 더 아름다운 아시아로 빛날 것이다. 비록 문명을 가지고 있지 않은 초라한 종족이라도 그들에게는 인류 보전의 권한은 가지고 있으리라 생각한다. 모든 아시아 소수민족의 종족 보전을 보장하고 마음 놓고 살게 할 것을 요구하며 정부의 흡수책략은 중단하는 용단을 내려야 할 것이다.

　동북아시아에 옛 조선의 후예들이 살고 있다. 그러나 한족이 이동하여 점령해 살고 있어서 동북삼성의 조선민은 빼앗긴 땅에 명분만 남은 조선족 자치권의 위기를 해소할 방안이 있어야 할 것이다. 문명한 중국이라 자부한다면 미국의 아메리카 인디언 같이 바보로 만들어 버린다면 죄 많은 부끄러운 문명국이 아니겠는가.

- 아시아는 누가 리드해야 하는가?

조선민은 자연에서 농경을 일으켰고 자연스럽게 살아가는 선량한 종족 이였으나 한족의 대거 이주로 조선민은 갈수록 노예 같은 입장으로 비참해지고 말았다. 겉으로는 자치권을 가지고 있으나 조선족은 어느 누구도 공감하지 않는다. 사실상 중국은 조선민이 가장 위약한 때에 점령했고 역시 중국 특유의 전략전술로 파멸시킨 것이다.

- 조선민은 땅을 포기하지 않았다.

고대조선은 땅을 포기한 때가 없다. 농경은 천기의 변화로 휴경해야 할 때에 잠시 비워두면 옥토가 되는 때에 돌아와 다시 농경을 일으키는 독특한 농경법을 지켜 터전을 보전해 왔는데 때를 기다렸다는 듯이 중국은 조선민의 풍습을 악용하여 점령했으니 이것은 하늘의 자연법칙을 파괴한 것이다.

길림에 광개토태왕의 석비가 서있다. 이곳이 조선민의 터전이라는 뜻이고, 우리 민족은 때가 되면 다시 돌아와 농경을 일으킨다는 자연과의 약속인데 마치 주인 없는 땅이라 판단했다면 중국은 자연법칙을 몰랐다는 뜻이다. 그러나 동북삼성은 조선민의 영원한 터전이고 그곳은 조선민의 영원한 옛 터전이고 농경 터전이다.

문명인은 자연을 알지 못한다. 그들이 자연을 바라보며 시를 쓰고 그림을 그려도 농경민이 바라보는 터전은 다르다. 중국은 조선민의 터전을 강제로 점령은 했으나 그들은 그 터전을 조선민 만큼 알지 못할 것이다. 문명인은 땅을 모른다. 중국은 글밭을 가꾸고 땅은 터전을 사랑할 줄 아는 조선민에게 돌려주어야 할 것이다.

중국 조정은 광개토태왕 석비문에 중국과 직접적인 다툼이 될 부분이 없다하여 비밀을 해제하였고 공작으로 매수된 학자들이 일본과 어리석은 흥정을 했고 결국 만주대륙을 통째로 일본의 군화 발아래 짓밟히게 했다. 손해 볼 것 없다는 장사 속에 거대한 대륙의 체면은 비참하게 짓밟혔고 부패한 몇 사람에 의해 대륙도 유물도 훼손되고 말았다. 문명국이 부패로 대륙과 지식과 자존심이 짓밟힌 것이다.

미래의 아시아 종족을 위해 인류를 위해 중국은 진정한 〈지식〉을 공부해야 할 것이다. 백가쟁명도, 사서삼경도, 인류와 종족보전의 길이 그곳에 있지 않다면 중국문명의 도덕성 의미는 아무것도 아니며 허구를 노래하는 앵무새가 아니겠는가?

아시아의 미래는 어떤 모습일까?

　아시아는 전통 보전 풍습과 현대화 수용이라는 갈등이 존재한다. 수용과 배척은 문화 갈등일 것이다. 이것은 종교적 압력 세력이 선택을 요구할 때는 갈등은 더 조장된다.
　일본은 자신들의 전통풍습을 지키면서 현대화 학습을 잘 활용하여 아시아 지역에서 정치적 민주주의를 가장 먼저 이룩한 국가다. 그러나 그들은 서구현대화를 빨리 학습하였고 현대무기를 대량생산해서 동족 아시아를 침탈할 때는 일본의 것은 수호하고 아시아의 것은 모조리 파괴하려 했다. 또 아시아의 역사를 변조 새 종주국으로 자신들이 우뚝 서기 위해 유물을 파괴해 없애고 역사는 조작했다. 그들은 아시아민을 천황의 신민으로 만들려 했고 아시아의 미래까지 리드가 되려했던 것이다. 그러나 조급한 소인배의 말로는 아시아 공공의적이 되었고 그들의 책략은 실패했다.

- 일본 지식인은 반성이 없다.

　일본 지식인은 그들의 과거 정부가 어떤 책략을 가지고 아시아를 침탈했는지 그들의 성공사례에서 이미 알고 있을 것이다. 그들의 선배 지식인과 정부가 아시아를 상대로 얼마나 못된 짓을 했을지도 그들의 무용담에서 사실상 다 알고 있을 것이다. 영원히 인류로부터 용서받지 못할 침탈

행위를 했다는 것을 그들은 너무도 잘 알고 있을 것이다. 다만, 그 사실들을 그들의 국민에게 보고서를 감추고 있었을는지 모르겠으나 지식인이 침묵하고 있는 한 그들은 전범과 같은 공범이 되었다.

그들은 아시아의 종족을 납치하여 인체 실험을 하였고 선진국 독일에서 배운 의료 행위라 하였고 문명인의 일이라 하였다. 그러나 독일은 그때의 일을 사과했고 일본은 아직 아무 반성이 없다. 그들의 변명과 아무 대응 없는 행위는 처벌을 두려워한다는 겁쟁이의 태도다. 잘못된 군국 시대의 과오를 일본지식인은 그들의 정부에 대해 각성시켜야 했다. 지금은 너무 늦었지만 잘못한 짓이었다고 반성을 촉구했어야 했다.

프랑스 시민 혁명이후 인류는 1·2차 세계대전으로 무참히 밟혔고 여기에 동맹자로 가담한 일본은 인류 공공의 적이 되었다. 그러나 패전한 일본의 전범 중죄인은 A급은 5명이였다. 그들이 아시아민 4천만 명을 사상한 댓가가 단 5명이라면 너무 불공평하다 생각되지 않는가? 그들은 미국으로부터 원폭피해자를 감안한 처벌이라 하여 청산되었다 생각하면 오산이며 완전한 착각이다. 그것은 미·일의 문제며 아시아민족에 대한 전범 처벌 문제는 아직 유예상태다.

- **군국을 꿈꾸는 자들**

아시아민족을 은근히 화가 나게 하는 일은 바로 그대들이 전범자의 자손인 아베를 내세웠고 군국을 꿈꾸는 자를 선택했다는 것이며 일본의 다수가 군국시대의 향수를 잊지 않았다는 것이다.

아시아 민족은 곧 일본을 향해 청구서를 보낼 것이다. 일본의 피난처가 국제심판청구소라는 곳이겠지만 몇 푼의 뇌물로 매수한 피지배국의 지도자로부터 얻어낸 합의서를 내 놓을 것까지 이미 알고 있다. 중요한 착각은 그 재판소가 아시아민족의 억울함을 해결해 줄 능력이 없을 것이라는 것도 이미 알고 있다. 현실이 이와 같은데 일본 지식인은 알량한 포스트모더니즘의 거짓말 상자 속으로 기어들어가 숨는다 해서 아시아민족의 마음을 딴 곳으로 돌려질 것이라 착각하지 말 것이다.

시민혁명의 완성은 지식인이 리드하는 사회를 뜻하지 않는가? 지식인의 사회적 리드로서 일본민주주의 사회는 결국 그들의 양심의 몫이다. 그러나 그들은 사회적 도리를 망각한 대단히 잘못된 지식사회다.

그대들에게 수여된 노벨상에 평화상이 없다는 것은 일본 지식인의 뼈저린 반성이 요구된다는 점을 기억하기 바란다.

● 일본인을 바보로 만드는 교육

아시아를 여행하는 일본인들에게 교육을 잘 시켜야 할 것은 다음과 같다. 일본 여행자가 아시아 여행길에서 현지 가이드들이 731부대 앞에 서서 731부대 악행사실을 설명하면 "아, 그런 일이 있었군요. 아무것도 몰랐습니다. 참 놀라운 일이군요." 하는 정도다 일인들이 아시아 여행에서 아무것도 모르는 사람 같이 행동할 때는 아시아 지역민들을 화나게 한다는 사실을 자각하길 바란다.

일본인을 바보로 만든 교육자들은 일본인들이 도덕적으로 인류의 죄인 이였다는 교육이 없다면 일본인들은 철저한 무장세력 공동체다. 도덕적으로 문제가 많은 일본인은 그렇게 만든 정부의 교육지침과 일본지식사회의 책임이다. 그 정점에 천황이 있고, 도덕성을 망각한 지식인들은 인류의 동행자라 할 수 없을 것이다.

● 무서운 나라 중국

당·학교·기업으로부터 도착한 산더미만큼 쌓인 과제를 쌓아놓고 골머리를 앓고 있는 그들은 학자라는 직책과 급료를 계산하는 보통 시민과 다름없다.

그들은 맡은 직책이 그들의 정부, 당과 인민에게 무엇이 틀렸고 무엇을 고쳐야하겠다 하고 질책 할 지식인은 보이지 않는다.

그러나 당과 정부는 신문·방송으로 매일 성과를 재촉하고 게으른 청년을 질책하고 인민에게 의무를 요구하면서 그들의 최고 간부들은 무슨 짓을 하는지 인민들은 모른다.

학자들은 더 넓은 중국과 더 많은 자원을 흡수할 연구를 할 것이다. 중국이 개발한 유명한 고사에 역지사지(易地思之)가 있다. 중국은 이제 그것을 생각할 때다.

지금의 중국이 이웃국가의 고통과 입장을 바꿔 생각해보지 않는다면 과거의 중국과 무엇이 다를 것이 있는가? 영토·인구·경제력·아시아를 넘어 세계경제를 쥐락펴락 하는데 지식인들은 어디를 보고 있는가?

• 망하는 것은 인민의 탓

길거리의 좌판도 세금을 미리 내야만 허가해 주는 중국 당국은 일단 세금을 먼저 챙겼으니 그 장사꾼들이 깡패에게 돈을 갈취당해도 망해도 뒷일은 알 바 없다. 인민이 망하는 것은 인민의 탓이다. 잘되는 일은 국가의 공로고 못되는 것은 인민의 탓이라는 지식인의 훈수는 결국 중국 정부의 하수인이며 인민의 지식인은 아니다. 이 결과는 인민을 동원해 성공한 공산혁명은 시민혁명의 정신은 생략했는가? 묻고 싶다.

공자, 노자, 도덕군자의 나라가 이처럼 변한 것이 없어 성인이 부끄러워 할 것이다. 중국은 연구실의 불이 꺼지지 않는다. 무엇을 위한 연구실인가? 그 연구실에 인류 공동의 삶의 가치를 연구하는 곳이 한 곳이라도 있을까?

거대하고 막강한 중국은 존재하지만 진정한 지식인이 보이지 않는다. 정말 진정한 지식인을 만나고 싶다. 책략이 판치는 과거의 중국이 아니었으면, 인류의 가치를 공유하는 진정한 문명국이기를 기대한다. 그것은 중국 지식인이 자각할 몫이다.

- **한국 민주주의는 아시아의 꽃이다.**

한국은 신명(神命)의 나라였다. 자연의 영혼과 함께 천명(天命)을 품고 사는 사람의 나라였다. 문명한 사람은 알기 어려운 자연의 사람들이 바로 농경국가의 사람들이다.

조선민은 목축에서 농경으로 전환한 지구상에서 유일한 생존의 삶을 개혁한 민족이다.

오늘날 한국의 현실은 오래된 낡은 배가 풍랑을 만나 가까운 항구를 찾아가는 형상이다. 풍랑의 바다는 바로 정치적 현상이다. 그러나 한국은 아시아에서 유일한 민주주의 시민사회다. 프랑스 시민혁명으로 획득한 시민사회는 아시아의 대한민국이 완성하였다.

1897년 중국으로부터 간섭받지 않겠다는 조선은 국호를 바꿔 제국주의 국가를 선언했으나 현대 문명학습이 일본보다 늦은 탓으로 결국 일본은 현대 무기와 음모 공작을 가지고 일본의 스승이었던 조선에 배은망덕한 제자가 되었다.

1945년 일본 패전으로 한국의 국권을 다시 회복하였지만 임정이 허술해서 국권을 바로 인수하지 못했던 관계로, 미군정에 맡겨졌고 신탁통치를 반대했던 시민의 요구대로 합법정부 대한민국이 정식 수립되었다. 그러나 정권마다 사회 안정에 실패했고 군사정권 시대는 오고야 말았다. 거듭된 군사정권의 계승은 〈시민대행진〉으로 종지부를 찍었고 오늘날의 민주주의 국가가 완성되었다. 아시아 유일의 민주주의 국가는 100년의 세월이 길러낸 파란만장한 역사였다. 어렵게 꽃을 피운 민주주의 국가 대한민국은 많은 문제가 발생했다. 이것이 민주주의의 위기인지 모르겠으나 나의 눈에는 민주주의 꽃을 누가 가위로 싹둑 잘라 버릴까 걱정스럽다.

민주주의의 실험장인 선거 과정은 축제여야 할 것인데, 전쟁판으로 몰아넣는 선거판을 선거전문가들이 망쳐버린다. 그리고 선거가 끝나도 후유증은 오래간다. 대통령 선거가 끝난 지도 벌써 1년이 되었는데 그 후유증을 앓고 있다. 그 이유는 무엇일까?

나의 판단에는 선거전문가들 때문이라 생각하며 그 전문가들이란 도덕성이 결여된 선거꾼들이다.

우리나라 선거판에는 소위〈꾼〉들이 있고, 그들이 판세를 만들어 가는데 그들에게 도덕성이란 없다. 선거 판세를 뒤집으려고 선거 꾼의 수단과 방법이 다양하다.

● 법대로 하자는 사회

한국인은 법을 너무 과신한다. 합법은 도덕군자도 떡을 만든다. 모든 제도에 우선하는 것이 도덕성보다 법적지위와 보장이다. 권위보장과 안위보전이 현실에서는 법이 방패막이가 되어주므로 사회, 전반에 진실과 위증의 다툼이 끝까지 간다. 이것을 유행하는 말로 〈막장 드라마〉다. 다툼은 법원에서 가려지지만 쌍방 변호사의 논법에 도덕성이 없다. 서로 상대방에 대한 말의 전쟁이다. 이 자리에 인간성과 도덕성은 보전이 되지 않는다.

정치인도 법적대응을 만능의 무기로 삼고 경제인도 남의 재산을 삼켜도 법적으로 하자가 없게 만들어주고 사회 전반이 법대로 하자는 아우성 뿐이다. 교육 · 문화 · 종교집회에도 도덕성은 없다.

대통령 곁에 항상 법의 해석자가 서 있고 모든 일에 전문가들이 꽉 잡고 있어서 불만이 있다면 대통령 · 장관 · 국회의원 · 학교총장 · 종교인 · 운전자 · 상인 · 노동자 · 경찰 · 법관등 하나같이 법대로 하자는 것이다. 국가의 일들이 도덕성이 결여된 체로 문제만 양산된다.

● 전문가의 나라

우리사회는 전문가 아닌 사람이 없고, 그들이 판세를 쥐고 있는 나라다. 전문가란 무엇인가? 그들은 특정한 분야에 깊이 연구하여 탁월한 식견이 있는 사람들이다. 그들은 일을 능률적으로 해결하는 사람들이지만 빠져있는 부분은 도덕성이다. 그들이 하는 일에 도덕성이 상대적으로 결여되어 있다면 이 사회는 바로 전문가들에 의해 사회적 문제가 발생되는 것이다. 우리 한국은 바로 전문가들 때문에 끝없는 문제가 발생되고 있다. 윤창중 같은 언론인이 성범죄자가 되어 망신당하듯 윤씨의 말재주는 도덕성을 희롱했던 것이다.

우리 사회는 전문가들이 그들의 야망을 제어할 도덕적 원로 지식인이 우리사회에는 없다. 전문가를 제어할 지식인이 없으므로 우리 사회는 안팎으로 곪아 터지고 있는 것이다.

시민사회는 도덕적 지식인이 요구된다. 바로 그들이 리드자라야 한다. 전문가와 전문학자를 평가할 도덕적 세력을 뜻한다. 광개토태왕은 도덕성과 정의감으로 군주의 욕망을 제어했다. (본문에서 확인, 참고)

아시아의 여러 나라는 비록 자본은 부족해도 안정된 나라가 많다. 종교 세력이 그 자리에 있고 또 어떤 나라는 이념이 통제한다. 문제는 그 종교집단과 이념에 도덕성이 부재라면 언젠가는 공산주의가 무너지듯 자본주의도 위험할 것이다.

● 아시아를 보전하려면

> 아시아는 보전(保全)이라는 독특한 문화가 있다. 종족보전도, 국가보전도 보전의 가치는 개혁보다 더 소중할 수 있다.
>
> 아시아가 그리스 문명의 선물 민주주의를 보전하고 프랑스 시민혁명의 선물인 시민 권리를 보전해 있고 이제는 시민사회 민주주의를 잘 보전해서 인류를 보전할 꽃을 피우고 그 질을 향상시킬 자연의 보전과 농경사상이 세계를 먹여 살릴 길이라 자각할 때다. 지구는 도시화로 지쳐가고 옥토는 점점 줄고 있다. 배고픈 미래 인류를 어떻게 구제하려는가?
>
> 옥토와 농경은 바로 도시를 둘러싸고 있지 않는가? 할 일 없는 도시민과 청년들은 그들이 배반한 땅으로 돌아가야 한다.

아시아는 결국 아시아민이 보전하고 아시아인과 종족은 결국 아시아민이 스스로 보전할 일이다. 아시아를 보전할 초국가적 제도를 만들어 이기적 욕망의 공동체를 제어하고 인류평화와 종족보전의 길을 만들어야 할 것이다. 1600년 전 〈광개토태왕〉 석비문에 국제경찰을 뜻하는 토벌군을 창설하여 운영했다는 기록이 있으므로 아시아의 약소국가 보전의 길은 반드시 있을 것이다. 세계 역사상 욕망의 군주를 제어한 정의로운 군왕은 없었으나 북아시아 고구려의 〈광개토태왕〉이 경찰 토벌군을 만들어 욕망의 군주를 제어, 약소한 국가와 생존 종족을 보전한 사례가 있으므로 강대국 눈치만 보는 불행한 아시아의 미래가 아무 것도 담보되는 것이 없으니 〈광개토태왕의 석비문〉에 담긴 지혜를 아시아 지식인들이 연구하여 미래 아시아를 보전할 방안을 찾아보는 것도 고려할만 하지 않을까? 필자는 그렇게 생각한다.

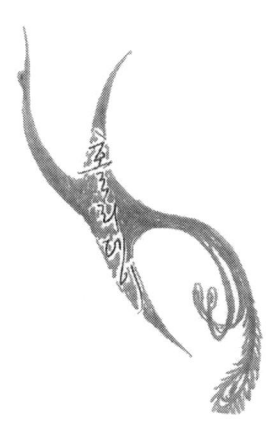

광개토태왕 석비문 연구의 선구자

• 김택영과 영희조봉에 대한 심층 분석

조소앙①(趙素昻)(1886~1951?) 선생은 광개토태왕 석비문 해독본(인쇄 한문본)을 〈한국문원 : 조소앙 편저〉에 수록하면서 자료출처를 실었다.

그 출처가 되는 창강 김택영(滄江 金澤榮) 선생의 〈한국역대 소사〉에 「만주사람」이 등장하는데 바로 만주인 영희조봉(榮禧筱峰 1854~1908)씨에 대한 행적에 친일적 문제가 있어서 그의 연구 성과까지 매도한 것으로 판단된다. 그러나 그 판단은 숲속에 앉아 나무를 보지 못하는 어리석음이므로 큰 뜻에서 보면 만주사람은 잊혀진 동족이며 그 동족을 통해서 미처 모르고 있었던 부분을 간접적으로 깨닫게 해 주었으며 그것이 고대 민족사의 새로운 관점이 될 수 있음을 거론(擧論)하려 한다.

• 한국역대소사

1881~82년(고종 18-19). 신사·임오년간에 우리나라는 신사 유람단을 일본으로 파견하였고, 임오군란(壬午軍亂)을 겪어 국내 사정은 소란하다.

---

① 참고 : 조소앙(趙素昻)(1886~1951) 양주에서 성장

같은 해 만주 남방지역 폐허에 거대한 석비(石碑)를 어루만지는(按)사람이 있었는데 회인(懷仁) 지역에 사는 한족문사(漢族文士) 왕언장(王彦莊)씨다.

석비는 이미 병이 들었고 王씨는 해독을 할 수 없어서 문우(文友) 만주인 문사(文士) 장백산인(長白山人) 영희조봉(榮禧筱峰)씨에게 말하였다. 〈조봉〉씨가 탁본해 살펴보니 위(魏)의 비문(碑文)인 듯하고 고박(古樸)하여 품위와 무게감이 있었다하며 손과정(孫過庭)과 저수량(褚遂良)의 서법(書法)을 참고로 여러 해 연구하였으나 석각(石刻)의 글씨체는 진대(晋代)의 전예(篆隷)가 6~7이고 해(楷)가 2~3, 필세(筆勢)는 장쾌하다 하였고 고구려의 〈비〉라고 보고하였다.

청일 전쟁 이후 1904년(고종 광무8) 일본과 러시아 간에 전쟁이 있었다. 조봉(筱峰)은 회인(懷仁)에 주둔한 일본군 병참감 대원소좌(大原少佐)에게 비문 해독문[1]을 기증하였다. 대원(大原)은 해독문을 일본으로 보냈고 「조봉」은 오래전에 「대원」 보다 먼저 이곳(懷仁)에 근무했던 좌천(佐川)〈酒匂(1850~1909)의 다른 이름인 듯〉 소좌(少佐)가 탁본문을 가지고 갔다 하였다.

1908년(융희 2) 한국인들이 일본으로 유람차 내왕이 시

---

[1] 참고 : 해독문 : 석비문을 알기 쉽게 한자로 옮김.

작되었다. 일본 박물관에서 태왕의 석비문을 해독한 귀중본이라 하여 해석문과 함께 다량 인쇄해 배포하므로 1889년 〈회여록〉을 여행자들이 구입하여 보여주니 우리나라의 지식인들은 비로소 비문의 존재를 알게 되었다.

※ 창강(滄江)② 선생은 1904년 이미 만주를 방문하여 발해사와 태왕비문(太王碑文)을 구해와 현지에서 연구하고 있었다.

여기까지 「한국역대소사」에 기록된 태왕비문 출현에 관련한 일부분의 내용이며, 필자가 한문본을 해석하였다.
(참고 : 한국역대소사, 중앙도서관 소장)

  위의 내용에서 주목되는 부분은
1) 한족(漢族) 문사(文士) 왕언장(王彦莊)씨는 해독하지 못하였다는 것.
2) 장백산인(長白山人)(만주인) 영희조봉(榮禧筱峰)씨는 부분적으로 해독했다는 것.
3) 일본군 소좌 좌천(佐川), 탁본문을 가지고 감.
4) 일본군 소좌 병참감 대원(大原), 해독문을 가지고 감.
5) 일본행 유람객이 박물관에서 비문을 구입해 귀국.

위에 주목할 부분을 본론에서 계속 논의 할 것이다.

---

② 참고 : 창강 김택영(滄江 澤榮) (1850~1927) 구한말 유학자·개성인·1903년 홍문관 찬집소 문헌비고 속찬위원 (정3품) 통정대부. 1904년 중국이주. 「한국 역대소사」 저자.

- **조선사문(朝鮮詞文)과 태학사문(太学詞文)과 한문**

 광개토태왕 석비문 문장은 한자(漢字)로 쓰여 있으나 중국식 한문구조가 아니다. 석비문은 조선사문(朝鮮詞文)과 고구려의 태학문이라서 한문식 해석으로는 완역(完譯)이 어렵다.

 따라서 조선어문에서 해독되어야 완역할 수 있음을 깨닫게 하는 시사를 인지(認知)하게 한다. 조선사문(朝鮮詞文)과 태학문은 조선민이 쓰는 〈조선식의 글〉이라는 뜻일 뿐 특별한 의미가 있지 않다. 고대중국과 한국은 소위 한자(漢字)를 공용으로 썼고 누구의 〈창제〉라는 의미가 있지 않을 때인데 이 시대의 〈글〉은 일반적으로 문장이나 문서에 사물과 사건을 표현하는 도구적 수단이었다.

 그러나 춘추전국시대(春秋戰國時代)에 공자 출현으로 글은 시(詩)·서(書)·춘추(春秋)로 나뉘어 중국은 문장문화가 변혁이 되므로 조선민은 〈옛글〉을 쓰는 입장이 되었다. 신지비사(神誌秘詞)가 고대 조선민의 기록이라 하고 태왕(太王)의 비문(碑文)에도 사문(詞文)과 고구려의 태학사문(太學詞文)으로 기록하였으므로 〈조선인의 글〉이 어떻게 쓰이고, 어떻게 해독해야 하는가를 비문에서 확인하게 될 것이다.

● 중국학자도 읽지 못한 석비문

 사례①에서처럼 중국인 문사는 해독할 수 없었다는 것은 한자인줄 알고 접근했고 해독하려 했으나 사문(詞文)을 몰랐으므로 자신 있게 해독을 할 수 없었다.
 사례 ② 만주사람 영희조봉(筱峰)씨는 어느 정도 해독할 수 있었다는 것은 만주지역에는 옛 조선민의 사문(詞文)을 쓰고 있는 자가 있다는 뜻이다.
 사례 ③, ④, 영희조봉(筱峰)씨는 왜 일본군에게 접근했는지 설명은 없었다. 아무 조건 없이 해독문을 전해주고 탁본을 건네줄 이유가 없다. 거래할 이유가 무엇인지 알 길은 없다. 그의 의혹스런 행적 때문에 안타깝게도 연구 성과가 매도당한 입장이다.

> 다만 일본에서 발간되어 배포된 비문은 대부분 일본인 특유의 의역판인 것으로 봐서 초기 해석본은 영희의 영향이고 조선 사문(朝鮮詞文)은 아니었다. 다만 의역문은 일본학자들의 글인데 매수된 영희의 해석문을 일본식으로 재해석한 조작문이다.

 일본에서 발간되어 배포된 석비문은 마술 같은 해석문이 여러 군데 있다. 그것이 대표적으로 소위 신묘년(辛卯年) 사건이다. 이 마술 같은 해석으로 동북아시아의 역사관을 일본 중심으로 관심을 갖게 했고 태왕비문의 실체에 접근하는 연구보다 목적이 다른데로 돌아갔다는 점에 대해 본문에서 모두 밝힐 것이다. 일본은 실체도 모르면서 석비문에 왜(倭)가 기록되어 있다하여 마술 같은 해석으로 대륙침략의 정당성을 주장하는 목적에 이용했다. 따라서 조작과정은 만주인의 해석문 메모를 가지고 재해석을 했기 때문에 영희가 변조작업에 관계했으리라는 주장은 성립되지 않는다.

참고 : (만주인 영희에게 설명을 듣고 문맥을 알게 된 이후는 매수했던 영희를 미친 사람으로 매도했고, 영희가 매장된 뒤 일본은 조작문을 발표함.)

태왕의 석비를 연구하는 학자들이 중국서책에서 뿌리를 찾으려하고, 해석을 한다며 일문(日文)을 엿보는 것은 한국민 양심에 반(反)한다. 그러므로 옛 조선민족의 정서가 있는 사문(詞文)을 먼저 공부를 해야 했었다.

사문(詞文)은 그들에게(중국, 일본) 있지 않으므로 태왕(太王)석비의 진짜 문맥(文脈)은 영원히 짚어내지 못할 것이다. 경악할 일은 태왕(太王)의 석비(石碑)에 고구려(高句麗)는 존재하지 않는다. 태왕(太王)은 당연히 고구려의 왕(王)이지만 비문에 왜 고구려가 단 한자도 없는 까닭을 알지 못하면 연구자들은 문맥(文脈)을 짚지 못했다고 하겠다. 조봉(筱峰)씨가 대략적인 해석은 했으나 문맥을 알지 못한 것은 한국 민족의 역사에 대한 무지(無知)였을 것이다.

창강(滄江)선생은 개성인이다. 철저한 유학자(儒學者)에 주자학파(朱子學派)다. 「한국역대소사」 전문(全文)을 살펴보게 되면 사문(詞文)을 쓴 흔적은 없다. 전문은 한문구조이고 태왕(太王)의 비문도 한문(漢文) 구조로 편집(編輯)하였다. 그러나 창강은 경서를 해박하게 잘 알고 있어서 〈서경〉에 접근하므로 비문해독에 자신감을 터득한 듯하다.
(예 : P151~P155 참조4 김택영의 해독문 참고)

조소앙(趙素昻) 선생은 경기도 파주출신이고, 양주에서 성장하였다. 일찍 성균관(소년급제)에 들어갔고 유학자(儒學者) 출신이다. 양주지역에는 남하(南下)한 유민(流民)의 토속서당이 있었을 것이고 (김삿갓도 이 지역에서 활동함 : 역자주) 북부의 잡글(詞文의 별명)을 알고 있은 듯하다.

두 분의 광개토태왕 석비문을 분석하면 창강(滄江)선생의 것은 고구려의 역사관으로 편저를 했고 조소앙(趙素昻)선생의 것은 고조선의 연장선에서 편저한 것으로 봐서 소앙(素昻)선생은 태왕비문의 문맥(文脈)을 정확하게 짚었다고 판단한다. 두 분의 관계는 성균관의 대 스승과 후학의 관계인데 임정시절 중국에서 다시 만났고, 태왕석비문에 대한 연구과정을 설명 듣게 되며 소앙도 연구서를 남기게 된다.

소앙 선생은 창강(滄江)선생의 한국역대소사 한문본에

서 연구한 비문을 다시 정리하여 「한문본 한국문원」에 수록하면서 창강의 위증부분을 삭제했다. (예 : P137~P141 참조 조소앙의 해독문 참고)

한문(漢文)과 사문(詞文)은 한자(漢字)를 공용(供用)하는 글이지만 고대시대는 편의상 대부분 한문(漢文)은 관념적 글이고 사문(詞文)은 사실적 어문(語文)이다.

한문문장은 사성(四聲) 음운(音韻)과 율(律)을 중국인 호흡에 맞춘 문장법(文章法)으로 구성된다.

사문(詞文)은 별명처럼 〈반쪽글, 잡글, 조선글〉 등으로 낮춰 부르지만 이 글은 우리 호흡에 맞는 고대의 글이며 사실적 표현에 충실한다. 선비들이 귀족이 되려는 열망으로 전문적인 한문(漢字) 중심으로 기울었기 때문에 관심에서 밀려났을 뿐이지 실재로는 생활 속에 깊이 자리하고 있었다. 사문의 글은 우리나라 생활에 쓰이고 있는데 명사나 주어부분은 한문이고 서술어는 한글을 쓴다. 다만 옛 사문은 주어부분은 조선의 사실문이고 서술부분은 한문이다. 그러니까 현재 쓰이는 일상의 한문식 글을 거꾸로 생각하면 이해가 갈 것이다. (본문에서 태학문을 참조)

따라서 〈국가 기초기반 연구〉에 관한 고대 조선민의 글을 찾아내고 그동안 잊혔거나 모르고 있는 새로운 분야를 찾아야 할 〈과제〉라고 판단된다. 어문 연구는 국가가 깊은 관심을 갖기를 바라며 학계는 지금까지 보고가 되지 않았던 분야였음을 인식하고 관심 갖기를 요구한다.

● 사문(詞文)의 가치

　광개토태왕은 잃어버린 조국영토를 회복하려고 필생의 노력을 했고 태왕의 정신적 유훈을 받들어 장수왕은 〈태학〉을 더욱 더 발전시켰고 훈적을 남기는 비문의 글도 태학의 고대문으로 쓰였다. 고구려의 태학관에서 조선민의 문장으로 남긴 까닭을 후학자들은 시간을 가지고 연구해야 할 것이다. 고구려가 독자적인 자주성을 강조할 동북아시아의 정세는 한조(漢朝)·후한(後漢)이 멸망하고 위(魏)·촉(蜀)·오(吳)·삼국(三國)도 멸망하였다. 진(晋)이 승자라 하나 다수의 민족들이 재기(再起)하는 기회가 도래하므로 삼한조선(三韓朝鮮) 민족은 새로운 도전자들에게 시달려야 하는 시기이다.

　광개토태왕은 강대해진 도전 세력을 물리쳐야 했고 견제해야 할 상대가 많았다. 그러나 신라사신으로부터 태왕에게 토벌군 요청으로 관군(官軍)을 창설하고 국격(國格)이 격상되어 잃어버린 민족회복에 대한 책무를 갖게 되었다.

　따라서 태왕 재위 중에 감당해야할 대상은 대부분 옛 고조선 땅에 들어와 있는 나라들이어서 모두 토벌대상이 된다. 태왕은 정복자가 아니며 고토(古土)를 회복하려는 경찰토벌군이며 욕망의 군주를 제어한다. 이로써 태왕재위기간에서 장수왕 중기까지 삼한조선은 형제국들의 관계가 회생(回生)되는 시기였다.

광개토태왕은 고구려가 야망의 대국(大國)으로 가지 않고 조선 민족회복으로 선회한데는 신라의 토벌군 요청이 결정적 요인이다. 옛 고조선으로 회복되면 삼한은 다시 조선시대가 된다. 따라서 고구려, 신라, 백제, 부여 등은 조선의 고구려, 조선의 신라, 조선의 백제, 조선의 부여, 조선의 가야라고 정의할 수 있게 된다. 이로써 광개토태왕은 조선민을 지키고 종족을 보호할 〈경찰군〉제도를 출범시킨 것이다.

- **詞文이란 무엇인가?**

고대조선민이나 중국민은 소위 한자는 공용문자였다. 그러므로 글은 「쓴다, 기록한다」의 원시적 수단이었고 배우지 않아도 알 수 있었다.

공자(孔子)는 사문(詞文)에서 시(詩)·서(書)·춘추(春秋)로 분류. 격조 있게 쓰기를 요구하고 분할하고 정리하였다. 따라서 시문(詩文)은 시문(詩文)답게 서(書)는 논리적 문장으로, 춘추는 역사로 정의했고 믿을 수 있게 해야 한다면서 없앨 것은 없애고 장려할 것은 믿을 수 있는 글을 쓰도록 산의의신(刪疑疑信)하라 하였다. 공자이후 사문(詞文)은 제자리에 남아 조선민만 쓰게 되었고 한문은 중국문화의 중심에 서게 된다.

● 한문(漢文)의 변혁

　광범위하게 쓰이던 사문(詞文)은 중국 문장가로부터 고급스런 문장(文章)으로 진화되었다. 중국은 전국시대부터 격조 있는 문장으로 바뀌어 가므로 사문(詞文)은 도태되었고 후일에 한문(漢文)이라고 결정되어버린 중국 문장은 중국문화의 중심이 되었다. 모든 문자 문화는 중국 중심으로 경도(傾倒)되었으며, 이때부터 글을 전문으로 쓰는 직업이 생기고 그것을 가르치는 학교가 설립되고 책문(策文)만 쓸 줄 알아도 권력과 세력을 움켜쥐는 풍조가 생겼다. (참고 : 서예 발전도 마찬가지, 글 잘 짓고, 글을 잘 써도 등용되므로 중국 문장가와 서예가에는 장군이 많다. 왕희지·안진경·구양수·책사(策士)공명(孔明)·손무 등)

　조선의 구족(九族) 중에는 새로운 글을 창안하여 대응한 민족도 생겨났으나 중국과 가까운 조선민족은 같은 문자권이어서 고급스런 중국식 문장을 쓰는 풍조에 급격히 경도되었고 사대사상이 머리를 들고 일어서니 문장가들이 귀족화되는 매력에 금방 빠져 들어갔다. 우리 학자 입에서 사문(詞文)을 유치하다 할 정도로 심화됐다.

　한조(漢朝)의 조정에서는 조선의 글을 반쪽 글이라 경멸했고 거래하는 문서를 집어 던지며 오랑캐라 하였다. 사정이 이와 같이 변하므로 민족의 글은 무당이나 백성서민들만 쓰는 잡문(雜文) 취급을 받는다.

중국 책사(策士)들이 조선의 왕을 찾아와 새 시대를 열어야 한다며 책문(策文)을 올렸으나 글들이 「정직하지 않다」 하여 모두 물리친다. 〈천명(天命)을 거부하고 천심(天心)을 잃으면 선왕(先王)과 선조(先祖)에게 반역〉이라는 입장은 조선민의 국정(國政)기본철학이다.

왕은 이런 글은 전장(戰場)의 장수들이 읽고 싸움에 대처할 것이지 백성을 상대로 참고할 글이 아니라 했고, 이로써 조선의 임금들은 천심(天心)을 잃으면 조선인(朝鮮人)이 아니라 하였던 것이다. 이 부분에서 우리 정치집단이 국민을 전략적 대상으로 삼는 풍조는 민족에 반하는 술수다. 특히 조국의 선왕들은 전략을 쓰는 정치는 동의하지 않을 것이니 대통령과 정치 지도자들은 참고할 일이다. (역자주)

그러나 조선(朝鮮)이 한조(漢朝)에게 멸망할 때 조선의 문화(文化)는 이미 한문화(漢文化)에 다 덮혀버렸고 산하(山河)에는 귀족이 되려는 열망으로 한문경서를 읽는 소리가 낭랑하게 들렸다고 하였다.

● **사문(詞文)은 얼을 지킨다.**

광개토태왕의 비문이 중국문장과 다르다는 배경을 길게 설명하였다.

비록 석비가 병이 들었지만 중국인이 알아차린 석비문이 었다면 진작 흔적조차 없이 사라지고 말았을 것이다.

태왕의 비문 문장이 사문(詞文)이라 이미 말하였고 고조선을 향하는 연장선상에 있음을 앞에서 말했듯이 이 사문(詞文)은 조선민족을 지키고 보존하려는 방책일 수 있고 오직 조선의 존재를 한자권(漢字圈)에서 지킬 수 있는 방안이 었으리라 사료된다. 그 사례가 중국인 문사(文士) 왕언장(王彦莊)씨가 같은 한자문(漢字文)인데도 뜻을 파악할 수 없었음이며 사문(詞文)은 알기 어려웠을 것이 당연하다.

● 석비문 발굴과 해독에 관계한 지식인들

석비문 발견초기 중국 문사들의 사정이 대부분 같은 경우였다. 다음 글에서 주의해 살펴보면 1876~1882년 사이 關月山, 王志修, 李大龍, 初天富, 陳士蕓, 元丹山 등이 탁본(拓本)을 맡고 王彦莊, 潘祖蔭, 談國桓등은 석독을 맡아 태왕 석비문 해독작업을 했다. (만주인 영희, 명단에서 사라짐)

1487년, 성현(成俔)(1439-1504) 관광록(觀光錄)에 「읽지 못함이 한이 된다」하였다.
1884년, 일본은 탁본문을 회인(懷仁)에 주둔한 일본군인으로 부터 입수하고

1889년, 일본은 이 탁본문을 가묵보자(加墨補字)하여 석문(釋文)과 함께 회여록(會餘錄)에 발표했다.

1903년 일본공작으로 위증문서가 들어오고 〈태왕석비문〉 홍문관에 옴.

1907년 증보문헌비고 출간, 일본측에서 제공한 위증문서와 석비문 게제됨.

1908년, 일본 여행자로부터 비문을 구입하므로 조선민들은 태왕 비문의 존재를 알게 되었고,

1904년 중국으로 이주한 창강 滄江 선생은 석비문(石碑文) 연구를 이미 하고 있었다.

1922년 「한국 역대 소사」를 발간(중국 현지에서) 조국으로 책을 발송하였으나 조선에서는 총독부가 창강의 연구서를 압류도서로 비장하고 말았다. (현재까지 국립중앙도서관 서고에 있음)

1931년, 조선사 48호, 조선사 49호(조선일보) 신채호(申采浩) 부분 석략(釋略) 발표

1932년, 조소앙 한국문원에 창강의 글을 재교정하여 실어둠 (上海, 文記인쇄국)

1955년, 정인보(鄭寅普) 부분 석략(釋略) 발표

위의 예문에서 다시 한번 연구자들을 살펴보면 왕언장(王彦莊)씨는 석록자(釋錄者) 명단에 기록되어

있으나 왕씨 뒤에 있을 만주인 영희조봉(筱峰)씨는 명단에 사라졌다.

　여기에는 중국 문사(文士)들이 조봉(筱峰)을 허락하지 않았음을 시사한다. 따라서 석비문(石碑文)해독은 한문(漢文)식 해석본으로 나오게 된 것이다. (역자주 일본공작으로 만주인을 배제하므로 조봉(筱峰)은 문우(文友)들에게 배반을 당했다고 하였다.)

　성현(成俔) 선생은 대제학에 이른 정통유학자다. 소위 사대주의 거두(巨頭)로써 선생의 지식은 한학(漢學)만 가득차 있었다는 뜻이 아닌가 짐작된다. 그러므로 조선민의 글을 「유치하다」고 하는 사람 중의 하나였다.

　신채호(申采浩)·정인보(鄭寅普) 선생의 석략문(釋略文)은 몇 줄에 불과하다. 역시 한문식(漢文式) 해석이어서 사문적(詞文的) 완역(完譯)은 아니다. (역자주 : 별도참조)

　조봉(筱峰)을 배척한 일부의 중국 문사들은 태왕의 비문을 가지고 일본학계로부터 초청받아 가서 발표를 하거나 책을 냈으나 한국학자는 초청받은 바 없다.

　뒤돌아보면 석비가 재발견 된 때부터 130년, 지금까지 연구자들은 고구려사(高句麗史)로만 보았다. 태왕석비문이 고대 조선사(朝鮮史)의 연장선에 있음을 발견한 조소앙(趙素昂) 선생 외에는 비문의 문맥(文脈)을 정확히 짚은 자는 아무도 없다.

현실이 이와 같다면 태왕석비문(太王石碑文)을 연구하는 학자(學者)들이 중국에서 자료와 근간을 찾고, 일본 연구자들의 해독문을 엿보는 따위는 이미 전술한 것처럼 숲 속에서 나무를 보지 못하는 어리석은 결과를 가지고 논란해 온 것이라 말할 수 있지 않을까?

● 조선사문(朝鮮詞文)과 송사(宋詞)에 대해

기자 고조선이 사라진지 1000년 후 송(宋)나라에서 사(詞)가 나왔다.

「소동파」와 당송팔대가(唐宋八大家)의 시부(詩賦)를 흔히 송사(宋詞)라 한다. 송사(宋詞)는 운율(韻律)이 한문구조(漢文構造)에 벗어나지 않는다.

그러나 조선사문(朝鮮詞文)은 허사(虛辭)도 사성(四聲)도, 율(律)도 따르지 않으며 완전 자유로운 글이다.

금(金)과 송(宋)으로 나누어진 시기에 등장한 당송팔대가(唐宋八大家)들은 金의 영향으로 북쪽 사람(金)들의 글에서 그 자유로움에 매료 되었던 것 같다.

● 사문(詞文)은 천심(天心)의 글이다.

고대사문(詞文)과 태학문은 시(詩)·서(書) 역사를 생산했고 송사(宋詞)까지 생산했으나 앞으로 더 나올 것이 송사(宋詞) 뿐일까? 사문은 모든 글의 원천(源泉)이며 그것이

고대 중국과 조선의 공용언어체계(共用言語體系)라는 것을 인식해야 한다. 다만 중국은 버렸고 우리는 품고 있었다.

우리 조선의 글은 머릿속에서 지어내는 관념성을 배제한다. 표현(表現)하려는 모든 대상에 따라가서 도구가 되어 주는 것이다. 사문(詞文)은 음운(音韻)과 율(律)에 갇혀 허세와 감동과 멋을 부리는 관념적 행태를 완전히 거부한다. 그러므로 사문(詞文)을 정리하면

1) 사문(詞文)은 자연의 글이며 천심(天心)을 전하는 글이다. 우리 민족이 천평(天坪)을 경영하는 사상이듯 있는 그대로 기록하고 전한다.
2) 임금의 말과 약속을 하늘의 말이라 여기고 정직하게 전하고 남기는 것이 사문(詞文)의 본분이다.
3) 백성의 말과 약속을 정직하게 전하고 남기는 것이다. 전쟁기록, 물품거래 등 있는 그대로 기록할 뿐, 여기에 기록자가 관념적 논리와 수식을 더하여 생각을 다르게 하는 거짓 발상을 사문(詞文)은 허락지 않는다.
4) 조선민의 글은 왕이나 백성이 모두 읽을 수 있고 책문(策文)처럼 뜻을 따로 숨겨 두고 쓰는 글은 허락하지 않는다.
5) 사문(詞文)과 한문(漢文)의 구별은 사실성과 관념적 구조를 보면 판단되고 규칙이 없는 것이 사문(詞文)의 규칙이고 음운(音韻)과 율(律)을 갖추면 한문(漢

文)이다. 사문(詞文)은 배우지 않아도 쓰고 지을 수 있다. 사문은 고구려 태학에서 사용했고 석비문 자체가 바로 고구려 태학의 사문이다.

(역자주 : 역자가 쓰고 있는 글의 형태가 사문(詞文)처럼 나열해 쓰고 있으며 논리를 피하고 있음을 참고)

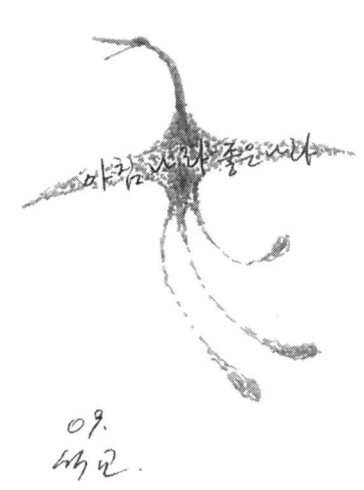

광개토태왕 석비문 연구사례 비정(批正)

2

- 해독관점이 다른 三學者論 -

〈창강 김택영, 단재 신채호, 소앙 조용은〉

1. 본문에 대한 개요

광개토태왕(廣開土太王, 永樂 : 375-412, 고구려19대왕, 재위22년)의 비석은 분명히 한국의 유산이다. 그러나 130년 동안 석비문(石碑文)은 잘못 전해졌고 그 잘못은 해독(解讀)을 잘못한 해석자의 오류(誤謬)에 원인(原因)한다. 한문특유의 관념성을 배제(排除)한 북아시아의 정서를 담은 사실 문장을 아무나 접근하였고 재발견 한 때로부터 관리부실과 잘못된 해석 때문에 연구자들을 난해하게 하였다.

문맥(文脈)이 없는 문장은 없다. 그러나 〈석비문〉은 훼손되고 문맥을 찾을 수 없게 하였다. 잘못된 해독이 문맥을 찾지 못하게 누군가 방해를 하였고, 문맥을 찾지 못하므로 원문에 대한 판독(判讀)을 오판(誤判)하였고 마치 고도한 마술(魔術) 기술에 걸린 많은 역사가와 연구자의 의식에 발목을 붙잡고 있었던 것이다.

여기에는 최초의 해석자(解釋者)가 잘못 저지른 무지(無知)의 탓도 있고, 거짓 해독문을 가지고 학습한 탓도 있으며, 결정적인 것은 난해한 해독문으로 조작한 원인이 더 컸다.

2. 책략에 따른 거짓보고서

〈광개토태왕 석비문〉은 일본측 어용학자들이 석비문의 원문을 훼손해 원문 저작자에게 범죄적 손상을 가(加)하였다.
 문제는 어떤 목적을 위해 참과 거짓을 전도(顚倒)했다면 명백한 범죄행위다. 따라서 〈석비문〉에 대한 관점(觀點)은 일본측 제도권 어용학자들이 거짓 연구서를 써서 난해한 자료를 퍼뜨려 대륙침탈의 정당성을 주장하므로 국제적으로 사기(詐欺)행각을 했다. 일본측에서 퍼뜨린 〈석비문〉은 고대시대 왜가 대륙까지 정복하러 왔다는 묵시적 공감을 노린 고도한 전략이 있었다. 우리나라는 〈을사늑약〉 전후 중국으로 이주하는 학자로부터 연구가 활발하였고 이후에도 다양한 견해와 반론문이 나왔다. 그러나 지금까지 문장으로 일본측의 공작을 파괴할 연구서가 없었으므로 일본의 주장은 계속 유효한 듯하였다.

 2012년 2월에 발표했던 삼균학회의 학술 발표문 주제는 바로 학자들이 오판한 석비문 해석의 근원을 찾아내어 집중고찰(集中考察) 비정(批正)했고 비문(碑文)의 진실은 완전히 밝힐 수 있다고 선언했다. 후학에게 부끄럽지 않으려 문장을 한 자 한 자 짚어가며 반격문을 쓰기로 하였고, 자세히 분석하여 진실에 접근한 결과를 내기로 하였다. 많은 연구자들이 해독을 잘못한 부분에 대해 집중적으로 고찰하고 비판할 것이다. 이 일은 제도권에서 못했으므로 국민이 나서는 것이다.

3. 홍문관 찬집청(弘文館 撰集廳)의 반역자

사실 고종 시대는 일본과 서양의 문물을 수입하여 사회 제도까지 개혁하려고 했기 때문에 많은 문제가 생겼다.

1903년(광무7) 고종은 홍문관에 찬집청(撰集廳)을 두고 박용대(朴容大 1849~?)를 책임자로 하여 30여명의 문사(文士)에게 〈동국문헌비고 : 東國文獻備考〉를 속간하게 하고, 1907년(융희2) 〈증보문헌비고 : 增補文獻備考〉로 개정 16고 250편을 간행했다. 문헌 권36, 여지고(輿地考 24)에는 〈광개토태왕〉의 석비문과 이에 관련한 기록을 간략하게 실었고, 석비가 있는 곳과 중국측에서 발굴한 내력을 기록하였다. (예 : P137~P141 참조. 증보문헌비고 참고)

그러나 자료출처에 대한 입수 경위와 정보가 기록되어 있지 않으며 현지(現地)에 사관(史官)을 파견하여 확인했다는 기록도 없으며 석비를 전해준 자가 누구인지 어떤 경로로 자료가 왔는지 아무기록이 없고 석비의 높이는 12장(丈) 8척(尺) : (약 5.4m)이라 했고 실재의 6.35m하고는 약 1m차이가 나며 자료가 인쇄물 이였는지, 탁본 이였는지 아무 기록이 없다.

중요한 것은 편찬된 석비문은 편년과 내용이 일치하지 않는 부분이 있으며 빠진 결자도 200자가 넘는다. 이상한 것은 신묘년(辛卯年)부분은 누가 봐도 해석하기 곤란하게 난해한 관점으로 부각시켰다. 예를 들면 「百殘(百濟也)新羅舊盡屬民由來朝貢而倭以辛卯來渡海破百殘(三字缺)羅以爲臣民以六年丙申王躬率水軍討任殘…」 하였으니 기록된 내용을 해석하면 「백잔과 신라는 쇠퇴한지 오래여서…」 라는 뜻으로 해석하게 편집한 내용이다. 누가 갖다 줬다는 기록도 없는 출처불명의 〈석비문〉을 홍문관 찬집청은 이 내용을 면밀히 검토하지 않았고 분석하여 오류를 찾아내지도 않았고 그대로 대한제국 정사(正史) 문헌집에 기록하였다. 이와 같은 분별없는 처사는 자료를 제공한 측에서 볼 때 공작이 성공한 사례. 이것을 판독한 사관이 기록하기를 〈멸망한 고구려 고씨의 유물이다〉 하였고, 이로써 출처불명의 〈석비문〉은 〈공작문서〉였고 이성을 잃은 홍문관의 사관이 한국정사(正史)문헌에 기록해버린 희한한 일이 벌어졌던 것이다.

● 사관이 마수에 걸려들었다.

　홍문관 찬집책임자 〈박용대〉는 당시의 현직 법무대신이며 19세에 문과급제, 요직을 두루 거쳤고 부제학·규장각제학을 지냈고 온갖 호사를 누리며 권력자의 그늘을 벗어난 적이 없으며, 구한말에는 친일파로 변신 〈한일병합〉의 공로자로 남작(男爵)의 작위까지 받은 자다. 권세와 안위에 눈이 멀은 〈박용대〉는 국비를 들여 만드는 〈문헌찬집〉 책임자로 막중한 임무를 소홀히 했고 입수된 석비문의 내용을 공지하지도 않았고, 역사의식도 없이 오로지 멸망한 고구려 고씨의 유물로만 판단했고, 백제와 신라가 고구려의 속국이었다는 문장조차 이상할 것 없다는 듯 소홀하게 처리했고 왜가 〈신묘년〉에 백제를 파(破)하고 신라를 신민(臣民)으로 삼았다는 황당한 해석에도 이견(異見)을 내지 않았다. 출처불명의 자료를 어떤 이유로 서둘러 정사집에 기록하게 되었는지 아무 설명이 없으니, 사건의 전말을 알 길이 없다. 이와 같은 공작 과정에 찬집청 관료들이 어떤 거래를 했는지도 알 길이 없고 한 민족의 역사를 와해(瓦解)하려는 일본측의 공작은 홍문관부터 시작되었고 이미 찬집책임자는 일본의 마수에 매수되었음을 알게 되었다.

제도권 학자들이 이 사실을 덮어두고 있음은 사건의 심각성을 깨닫지 못한 직무유기다. 우리의 제도권 학자들이 이 기막힌 사건을 계속 덮어두는 한, 일본의 경멸은 멈추지 않을 것이다. 〈고대사에 고칠 것이 없다〉는 일본 역사가의 자신만만한 냉소를 후손까지 이어지게 무작정 방치할 일인가?

한편 찬집청 사관(史官)중에 한 문사(文士)를 주목하기로 한다. 바로 정3품사관(史官) 창강 김택영(滄江 金澤榮) 선생인데, 그는 〈문헌비고〉 찬집위원이며 문사이자 전문사관이며 유학자다. 그러나 찬집과정에 중국으로 이주(移住)했고, 이후에도 찬집위원의 이름은 그대로 남아있었으며, 왜 갑자기 중국으로 이주했는지 알 수가 없다. 이 무렵 대한조선의 조정은 구제도를 개혁하고 일본문물과 제도를 무비판적으로 수용하는 친일세력 〈박용대〉와 반대파는 충돌이 있었을 것으로 짐작된다. 창강은 소위 수구파로서 〈박용대〉의 행위가 용납되지 않았을 것이다. 정통유학자이자 사관(士官)인 〈창강 김택영〉과 친일세력 〈박용대〉는 물과 기름 같은 관계일 수 있으며 창강의 입장에서는 출처 불명의 자료를 함부로 문헌에 수록할 수 없다 했을 것이고, 현지에 사람을 보내 확인할 것을 요구했을 것이지만, 박용대는 묵살했다. 그러므로 현격한 의견차이로 창강은 사직서를 던지고 〈찬집청〉을 떠났을 것이라 사료된다. 그 증거로 〈창강〉은 중국으로 바로 이주하여 〈회인(懷人)〉으로 달려갔고 〈광개토태왕석비〉를 관찰하고 관련 자료를 구하여 돌아올 때, 이미 〈을사늑약〉이 이루어졌다하므로 창강의 자료는 소용없게 되었다.

창강은 중국에 귀화해 거주하면서 집필한 〈한국역대소사 : 韓國歷代小史〉에 〈광개토태왕석비문〉 전문(全文)을 개정하여 수록하였고, 진짜 사관이 쓴 〈석비문〉은 개인 문집에 기록되고 〈공작문서이자 가짜 석비문〉은 버젓이 정사에 기록되었다. 이 얼마나 희한하고 황당한 사건인가?

더 경악할 일은 〈박용대〉가 〈한일병합〉의 공로자로 일본 천황이 내린 남작(男爵)을 받게 되므로 〈고종 1852-1919〉과 〈순종〉은 박용대로 하여금 「망국의 안내자」 인줄을 뒤늦게 알고 분통이 터졌을 것이다.

대략 이와 같은 〈증보문헌비고〉에 〈석비문〉 기록사건을 고찰하면 〈을사늑약〉 이전에 역사 찬술의 최고기관인 〈홍문관〉은 일본으로부터 최우선 공작대상이 되었고 결국 나라는 침탈을 당했다. 한 나라의 역사와 문물제도를 기록해 남기는 정부의 자료집에 일본군부의 공작원이 갖다 준 가짜 사료가 형편없는 관료들이 자신의 안위만 생각하고 일본의 덫에 걸려 고위 관료의 안위와 욕심이 결국 나라는 망했다.

부패하고 무책임한 관학(官學) 중심에 있었던 일을 국민은 까맣게 모르는 제도권의 지식인들은 민족의 역사조차 제대로 기록하려는 의지가 없었다는 사실을 100년이 지나서야 세상 밖으로 나오게 되었다.

4. 비문 해석관점이 다른 삼학자론

여기에서 거론될 삼학자는 창강 김택영(滄江 金澤榮)과 단재 신채호(丹齋 申采浩)와 소앙 조용은(素昂 趙鏞殷)이다.

삼학자는 제도권이 낳은 인재였고 과거시험을 거쳐 사관(史官), 교관, 박사, 성균관 유생으로서 스승과 제자, 선배와 후배관계다. 세분은 순서대로 중국으로 이주하거나 망명하였고 역사서와 문집을 남겼다. 역시 세분은 〈광개토태왕 석비문〉에 관심이 높았고 관련하여 석비문에 대한 증언과 연구한 개정판을 기록하여 남겼다. 세분 모두 제도권 출신인데 그러나 역사를 바라보는 관점이 달라 특별한 관계의 세분을 관심사로 보게 되었다.

창강은 정통사학자이자 유학자로 공자와 기자(箕子)를 섬긴 사대주의자다. 우리민족사의 시원을 〈기자조선〉에 두고 있으며, 단재는 너무나 유명하지만 서양서를 탐독하여 새로운 역사관을 수립하였다.

소앙은 우리민족 고대사 존재를 포기하지 않고 고유한 민족의 존재 가능성을 기대한 역사관을 가지고 있었다.

따라서 세분의 시각은 판이하였고 〈석비문〉을 판독하고 해독하는 관점과 입장이 서로 달라서 세분의 글을 각론하기로 한다.

다만 세 분은 태어난 순서대로 떠났으며 다른 것은 돌아가신 때와 장소가 다를 뿐이다(참고 : 본문에서는 문장을 논하는 관계로 행적에 대한 기술은 논외論外로 한다) 본문에서 삼학자를 논하는 주제는 〈석비문〉에 대한 해독관점을 고찰(考察)하고 세분의 이견(異見)을 논 할 것이다. 그리고 어떤 영향을 끼쳤는지 살필 것이다.

5. 석비문의 문맥

• 백잔 신라 구시속민에 대한 고찰

〈위의 글에 대한 어원(語原)〉

　국호(國號)나 국명은 지명이나 왕조의 발상지를 따라 정하는데 사전(辭典)과 문헌에 기록된 내용을 참고하되 다른 뜻이 더 있는지 고찰하였다. 놀라운 결과는 옛 조선이 멸망하고 후세에 발생된 나라들은 잃어버린 조국을 다시 건국한다는 염원을 다 담은 뜻이 있음을 확인할 수 있다.

　백제(百濟) : 마한의 여러 나라 중에 백제(百濟) 부족이 발전하여 국가를 이루어 국호로 정하여 졌다하나 어원설명은 찾을 수 없다. 따로 찾아낸 어원은 「조선의 유민을 거두어 나라를 다시 세운다」의 뜻이 있다.

　백잔(百殘) : 흔히 고구려에서 백제인을 적개시하여 부르던 말이라 하여 백제잔적(百濟殘敵)으로 부르는 것은 오판이다. 결코, 백제의 잔재(殘滓)라는 뜻도 아니며 고급스런 어휘다. 석비문을 지은 저작자의 인격이 높은 명문장가임은 위의 글에서 이미 짐작하게 되는데, 백잔(百殘)은 〈새벽의 별무리〉라는 뜻이 있으며 바로 〈작은 조선〉이다. 삼한조선(三韓朝鮮)이란 글에는 〈샛별과 태양〉의 뜻이 있는 것처럼 멸망한 옛 조선의 후예들이 새롭게 건국하여 얼을 기린다는 뜻이니 격조 높은 어휘다.

신라(新羅) : 신라는 시조가 건국한 이래로 일정한 이름이 없어 사라(斯羅) 서나벌(徐那伐) 서야벌(徐耶伐) 서라벌(徐羅伐) 등으로 전한다고 하였다. 또 「사로국」의 음역(音譯)이라 하였고 서벌, 서라벌의 촌락지명이라 했는데 그러나 실재의 어원은 다르다. 신라(新羅)의 신(新)은 새터, 라(羅)는 조상을 기린다는 뜻이니 「새터에 조상의 묘를 이장(移葬)하고 뜻을 기린다」였다. 실제로 신라는 삼한조선의 진한(辰韓) 후예이므로 남하(南下)한 민족이 분명하다고 어원에서 설명된다. 신라민들은 남하할 때 옛 조선의 중요인물을 어디인지 모셔 두었다고 추측이 된다. 누구일까? 신라의 땅에는 비밀의 주인이 있을 것이니 역사가는 숨은 인물을 찾아내도록 해야 할 것이다.

고구려(高句麗) : 고구려는 한사군의 현도군 고구려 현에서 유래한다 하였으나 고구려 현의 사람들이 조선의 후예들이며 뜻이 따로 있었다. 「고구려」에는 「평원의 의리를 존중하고 조상의 얼을 빛낸다」라는 뜻이므로 유석시조(惟昔始祖)가 「예로부터 선조들의 비롯함이 한결 같아서」이므로 고구려민들은 옛 조선을 다시 찾아서 조상의 얼을 빛내겠다는 의지를 가지고 있었다. 북아시아의 맹주답게 용맹하고 잘 싸우므로 한조(漢朝)는 이 지역을 특별히 왕실에서 통치하였다.

속민(屬民) : 「권속과 동족구민」이다. 권속은 같은 문중(門中)의 일가친척이고 民은 동족이다. 속민(屬民)을 속국민이라고 판단한 해석자들은 우리나라의 정서를 전혀 모르는 자의 오판이다. 문중 회의에 가보면 같은 일가를 확인할 때 「누구 권속인가?」 하고 물으며 학파(學派)를 나눌 때에도 권속을 따진다.

  속국(屬國) : 정치적, 군사적으로 다른 나라에 속방(屬邦)으로 메여있을 때를 지칭한다. 석비문에는 「안라(安羅)가 신라(新羅)에 속방(屬邦)되어 있을 뿐 백제와 신라는 고구려에 속방(屬邦)된 적이 없다. 그러므로 「속민(屬民)을 고구려의 속국(屬國)」으로 보는 판단도 오판이고 착각이다. 그밖에 속지(屬地)가 있는데 속토(屬土), 또는 속령(屬領)이다. 따라서 백제와 신라는 고구려의 속지였던 때가 없으며 속령도 아니다 안라(安羅)만 신라의 속령이자 속방이었고, 한때 신라에게 배반하였다는 것이 석비문에 나와 있다. 흔히 「신라의 매금이 찾아와 우리도 백제같이 노객으로 인정해 달라는 단재를 비롯한 많은 학자들의 해석은 근거 없다.(본문 安羅王참조)

  구시(舊是) : 옛 이곳. 예부터 이곳. 예전의 땅. 예전에 살던 곳 등이며 시(是)는 대명사 〈이곳〉이다. 해석자들은 시(是)를 〈이다〉하여 어조사, 어미사로 판단한 것은 〈속국〉에서 연관한 오류다. 석비문에서 시(是)라고 하는 대명사는 〈옛 조선〉과 〈현재의 고구려〉를 지칭하는 복합용어다. 구시(舊是)는 〈옛 이곳〉 〈예전에 살던 이곳〉이므로 「옛 조선은 이미 있었던 옛 땅이며 삼국(三國)이 옛날의 땅에 변함없이 살고 있음」이다. 따라서 〈고구려는 북쪽의 옛 조선 땅을 되찾아 살고, 남하한 백잔과 신라도 옛날에는 모두 이곳의 권속」이라는 정의를 확실하게 하였다.

  국명 : 국호에서 나타나는 동질성

  新羅의 羅, 高句麗의 麗, 百濟의 濟, 百殘의 殘, 扶餘의 餘, 三韓의 韓, 伽倻의 倻등은 타동사로써 빛내다. 기린다의 뜻으로 얼을 기린다. 얼을 빛낸다 하니 조선을 건국하여 조상의 얼을 기리고 빛낸다 하는 국시(國是)가 다 들어 있다.

  가야(伽倻) : (통칭 6가야, 안라 : 가야지역은 반도의 남쪽해변을 끼고 있거나 중부 내륙까지 일부 차지해 있으나 「가야」 역시 남하한 민족이라는 뜻이 있다. 바로 「그곳에서 다시 만나 조상을 기린다」 함이다 〈석비문〉 : (救往新羅編) 참조

  〈백잔신라구시속민(百殘新羅舊是屬民)〉을 해석하기 위해 여기에 쓰인 단어에 대한 어원을 찾았고 어원을 추적하므로써 문맥(文脈)의 방향이 어디로 갈 것인지를 인지했을 것이다.

위의 글에서 어원을 따라 저자의 해석을 먼저 제시하면 다음과 같다.

> 본문17(참조)
>
> 「百殘 新羅 舊是屬民」
> 　백　잔　신　라　구　시　속　민
>
> 「백잔·신라는 예전부터 이곳에 살던 권속이고 동족이니」라고 해석이 된다. 지금까지 알고 있었던 내용하고 비교하면 천당과 지옥만큼이나 차이가 있음을 인지했을 것이다.

〈주해(註解)〉

위의 본문을 지금까지 대부분의 연구자들은 다음과 같이 해석하였다.

「백잔과 신라는 옛날부터(고구려의) 속국민으로써…」라고 했다. 학자들은 이미 틀린 해석을 했고 독자는 기억해둘 일이다.

여기에는 삼학자론(三學者論)을 거론하여 비정(批正)하는 것이니 우선 삼학자(三學者)의 문장 속으로 들어가 보자.

창강 김택영(滄江 金澤榮)선생은 백잔(百殘)을 백제(百濟)의 〈잔재〉라 하여 본문에는 백제(百濟)로 수정하여 다음과 같이 기록하였다. (본문참조). 〈백제신라구시속민(百

濟新羅舊是屬民)〉, 단재 신채호(丹齊 申采浩)선생도 백잔에 대한 관념은 마찬가지다.

다만 소앙 조용은(素昻 趙鏞殷)은 「백잔(百殘)은 백잔(百殘)이다.」하였고, 주해 없이 기록하였다. 예 : 〈백잔신라(百殘新羅)·구시속민(舊是屬民)〉하므로 해독문에 점을 찍어 두었다.

6. 첫번째의 비정론(批正論)

광개토태왕의 석비문은 단 한자도 놓칠 수 없는 것은 사실문(事實文)이기 때문이다. 관념적 한문구조는 어림짐작하거나 대략 이해의 폭이 넓으며 운(韻)과 율(律)에 의한 의미 전달이 가능하나 사실문에서는 위험하다. 그러므로 석비문은 조심스럽게 짚어야 한다.

〈백제신라구시속민(百濟新羅舊是屬民)〉은 관념적 구조로 해독하면 지금까지 여러 학자로부터 보고된 해석을 보았듯이 불쾌한 해석이 된다.

〈백제와 신라는 예부터(고구려의)속민으로써…〉는, 바로 속민(屬民)을 속국민족으로 판단하므로 〈백잔〉에 대한 오류가 발생한 것이다. 백잔을 백제의 잔재라는 고정관념이 내재해 있으므로 쉽게 판단해버린 오판(誤判)이 석비문 전체를 고구려를 주제로 의식한 선입관을 가지고 해석이 되었던 것이다.

또 위의 문장이 석비문의 해석방향을 제시하는 핵심인데 자칫 오판하게 되면 삼국(三國)을 분열시키는 시작점이 되는 것이다.

• **옛 조선을 회복했다.**

광개토태왕 석비문은 형제국끼리 관계가 돈독하다는 최상의 어휘를 사용하므로 옛 조선은 회복되어 가고 있다는 설명이다. 옛 조선땅의 국토회복은 고구려가 차근차근 회복하고 있는 중에 안으로는 형제국끼리 불신이 있었던 관계까지 회복하는 노력을 구시속민(舊是屬民)에서 보여주고 있으며 〈백잔과 신라〉를 최상의 어휘로 국호를 공식적 표현했던 것이 바로 구시속민(舊是屬民)에서 고찰(考察)된다. 사실상 전체문장에서(全文참조) 〈백잔 신라 구시속민(百殘 新羅 舊是屬民)은 바로 천제국의 선조에게 화평한 관계를 만들었다는 보고서다.

이 문장은 고조선 멸망 후 우리민족은 비로소 〈옛조선을 회복했다〉는 문맥인데 학자들은 간과하였다.

> 어원에서 백잔은 〈작은 조선〉이라는 최상의 표현을 사용하고, 여러 어휘로 불렀던 신라를 공식 국호로 호칭한 것은 예전부터 옛 터(고조선)에서 함께 살았던 권속이요 동족」이라는 뜻을 왜 학자들은 보지 못하였을까?
>
> 구시속민(舊是屬民)은 사실상 〈민족회복〉이 되었다는 최상의 표현이었고 바로 「화평(和平)하게 살라」는 국조(國祖 : 천제)의, 국시(國是)데로 살고 있다는 보고서다.

이로써 〈광개토태왕〉은 선군들의 이념이자 철학이었던 형제국끼리 의롭고 화평하고 공생 공존하는 유훈에 도달하려는 충정을 학자들만 읽어내지 못하였다. 이 주장은 〈석비문〉에 기록된 내용에서 적출(摘出)한 것이므로 다른 문헌에서 인용하여 폄훼하는 일이 없기를 바란다. 신라·고구려·백제·부여·가야 등은 선조들이 나라를 일으킬 때는 모두 한 뜻으로 국시(國是)를 명심(銘心)하고 있었으나 후세로 내려가면서 야심과 욕망이 많은 왕이나 세력들이 선조의 뜻을 반하거나 망각하고 말았다. 그러므로 국내적으로나 이웃 형제국끼리 투쟁이 끊이지 않았음을 자각한 광개토태왕은 국시(國是)를 품고 있었고 형제국을 경찰(警察)하고 있었으며 선조의 유훈에 도달하려는 의지가 있었다.

- **창강의 오판(誤判)**

　①〈창강〉김택영은 〈기자조선〉까지만 인정하는 사관(史官)이어서 광개토태왕이 도달하려는 고대조선의 국시(國是)는 눈치채지 못하였고 공자가 〈조선〉을 〈동방예의지국 : 東方禮義之國〉이라 했다하여 〈공자〉와 〈기자〉를 숭배하는 유학자다. 〈창강〉의 〈저서〉 한국역대소사(韓國歷代小史) 역시 한민족 3700년사여서 관학자(官學者) 특유의 사대적 관념을 가지고 쓴 역사서다. 따라서 〈석비문〉도 한(漢)의 역사같이 강력한 고구려의 입장에서 정리되었고 백잔을 백제로 고쳐 기록하였다.

● 단재의 오판(誤判)

②〈단재〉도〈창강〉처럼 백잔을 백제의 잔재라는 뜻으로 판단하였고 광개토태왕을 세계적 영웅이라 주장했다. 단재는 동족(백제·신라)을 고구려의 속국민으로 통치하는 일은 승자의 예우로 여겼다. 단재의 국가관은〈조선상고사〉에 나타나 있으며 독사신론(讀史新論) 대동제국사서언(大東帝國史叙言) 조선상고문화사(朝鮮上古文化史) 등을 고찰하면 서양사적 승자우대의 역사관을 가지고 있다. 그러나〈석비문〉의 진실을 알리는 입장이기 때문에 저자는〈단재〉의 오판(誤判)을 거론하지 않을 수 없다.〈단재〉가 비문의 실상을 밝혀놓고 자신의 주장을 했어야 했는데 문장의 전말을 무시했고 고구려의 속국관을 주장했다. 석비문의 태왕은 22년간의 재위 기간의 역사인데도 문장을 비약하며 한국사의〈주인공〉으로 고구려를 찬탄하고 신라의 김춘추를 비난하는 돌출적 논설을 하므로 파급이 컸음을 알고 있다. 많은 학자들이〈단재〉의 역사관을 지지하고 있는 줄을 인지하지만 그 실상에는 단재가 석비를〈오판〉한데서 민족의 심성을 분열하는 단초를 제공했다.

● 소앙의 역사관

③〈소앙〉은〈단재〉가 성균관 박사시절의 후배였고〈창강〉은 소앙의 스승이다. 두 분에 의하여 역사에 눈을 떴으

나 〈소앙〉은 임정시절 국제회의에 참석도 하여 국제적 역사 환경을 잘 아는 지식인이다. 유럽까지 가서 〈타골〉, 〈벨그송〉 등을 만나 〈지식인이 총을 들고 나설 용기가 없다면 차라리 침묵하라〉는 벨그송의 말을 지지할 만큼 지식의 순수성과 지식인의 분명한 태도를 요구하였다. 그러므로 〈소앙〉의 〈석비문〉에는 자신의 주관을 배제하고 〈석비의 본래 모습〉으로 복원하는 연구를 하여 문집에 기록(한국문헌 참조) 하였다. 소앙은 〈창강〉의 허락을 받아 위증 부분을 삭제하였고 모르는 부분은 모른다 하였다. 〈소앙〉은 명석한 후학이 석비문을 해석할 것을 부탁하였고 해석문을 남기지 않았다.

● 옛 조선민족의 광복(光復)

〈광개토태왕 석비문〉을 고찰하면 고구려는 분명 북아시아의 맹주였다. 이미 한조(漢朝)에게 멸망한 조국을 다시 일으키려는 선조들이 다양한 집단으로 일어섰으나 고구려는 잃은 옛 땅을 회복하고 흩어진 옛 민족들을 찾아내어 품기도 했고 배반자는 내쫓아 사실상 광복(光復)의 의지가 큰 국가였다.(石碑文 참조)

참고로 〈석비문〉에는 고려삼서(삼국사기 · 삼국유사 · 제왕운기)가 따를 수 없는 것이 있는데

첫째, 석비문에는 중국문헌에서 인용한 글이 없다 인용

(引用)은 자신의 주장을 설득시키기 위한 문장구성 방식인데 석비에는 전혀 인용구가 없으므로 탈(脫) 중국의 자주적 북아시아민족 기상을 보이고 있다는 점.

둘째, 글씨체는 전서(篆書), 예서(隷書), 해서(楷書), 고체 등 혼용체를 썼는데 이 형식은 서예가의 능숙한 능필이기도 하지만 서체를 자유롭게 혼용해 씀으로 북아시아인의 자유분방한 기질을 발휘했다.

셋째, 〈광개토태왕〉의 훈적(勳績)을 석비형식으로 기록하였다. 그러나 석비는 돌기둥에 역사서를 기록한 삼한조선(三韓朝鮮) 민족의 역사서다. 이것을 〈멸망한 고구려 고씨(高氏)의 유적〉이라는 홍문관 찬집청(纂集廳) 관학자(官學者)의 주장에 동의할 수 없는 부분이다. 현역 제도권 학자들은 〈광개토태왕 석비문〉에 대한 오판을 자각하고 반성이 있어야 할 것이다.

제도권 학자들이 직무를 유기한 세월동안 뜻있는 당대 최고의 학자들은 필생의 노력을 했다. 즉 ① 만주인 문사 영희의 연구기간 16년. ② 창강의 연구기간 20년. ③ 소앙의 17년. ④ 필자의 24년간 총 77년간의 계승된 연구기간을 가볍게 보지 말아야 할 것이다. 대한민국 정부는 필자를 제외하고 세 분에 대한 공로를 추서할 것을 요청한다.

7. 두 번째의 批正

백잔신라 구시속민(百殘新羅 舊是屬民)
유래조공이왜이신묘 연래도해(由來朝貢而倭以辛卯 年來渡海)

〈위의 글에 대한 어원(語源)찾기〉
1. 유래(由來) : 사물의 내력 유래지풍(由來之風) : 오랜 옛적부터 전해 내려오는 풍속. 전통적으로 내림을 지켜옴.
2. 조공(朝貢) :
   ① 관무역(官貿易)
   ② 제후국에서 황실에 공물을 바침(중국제도)
   ③ 제후국끼리 대등한 거래(去來), 일반 무역
3. 이(而) : 부사, 말이을이, 어조사. 그리고, 그리하여, 또, 어떠한 행동을 거듭하여서, 그뿐이 아니고, 앞뒤의 말을 연결시키고 주어나 주제를 이끌어 거듭 대신하는 역할을 함.
4. 왜(倭) : 일본의 별칭. 옛적부터 중국이나 우리나라에서 일본을 일컬음.
   〈日本〉이라는 국호는 「야마또」라 부르던 때 신라(新羅)에서 지어준 이름이라 함
5. 왜구(倭寇) : 왜구는 신라 때부터 해안에 출몰해 도둑질을 업으로 한 종족. 고려 중기에 가장 많았고 직업이 해적이다. 공민왕 때 규모가 커져 연안과 내륙까지 들

어와서 노략질함. (태왕의 시절은 백제의 용병으로도 쓰임.) 왜구는 일본의 사회변동으로 몰락한 무사들이 주동하였다. 최무선(崔茂宣)은 항구에 침입한 500여척의 왜선(倭船)을 화통(火筒)과 화포(火砲)로 물리쳤다. 1419년(세종1)에는 왜구의 소굴 대마도 「쯔시마」를 정벌하였다.

6. 왜노비(倭奴婢) : 삼국시대부터 포로들을 노비로 삼았지만 고려 때 가장 많음. 1421년(세종3) 왜노비를 해방시켜주고 악질적인 자는 엄벌함. 고려 조정은 왜노비의 관리 제도가 있었음.

   1881년(고종18)은 신식 군대를 육군 소위「호르모도」를 교관으로 하여 100명의 인원을 편성 훈련시킴(임오군란으로 폐지)

7. 이(以) : 부사, ~부터, 그리하여서, 그래서, 써, 명사 앞에 주로 쓰며 수사, 겹명사 앞에도 쓰임.

   부사용례 : 以辛卯 - 신묘년부터. 惟昔 → 오직 옛적부터

8. 신묘(辛卯) : (명사) 육십갑자의 28째. 십간(十干), 천간(天干)과 십이지(十二支)는 時, 日, 月, 年 등의 연도표시에서 年을 쓰지 않아도 년수를 부여하여 읽는다.

   예 : 〈辛卯〉하면 신묘년이고 丙申해도 병신년으로 읽는다. 〈석비문〉에 기록된 신묘년(辛卯年)은 신라 내물왕 36년. 고구려 고국양왕 8년, 3월 이후 광개토태왕 원년

(元年) 백제 진사왕 7년.

9. 年來渡海(연래도해) : 고유명사. 해마다 바다를 건너옴. 고유명사다. 발음은 (연래도해).

8. 조공편(朝貢編) 전문(全文) 분석

> 본문17(참조)
> 百殘新羅 舊是屬民 由來朝貢而倭以辛卯 年來渡海
> 백잔과 신라는 예전부터 이곳에 살았던 권속과 동족이니 조공하는 풍습을 지켜 왔으며 왜는 신묘년(以辛卯)부터 해마다(而) 조공을 가지고 바다를 건너왔다. (年來渡海)

〈주해〉(본문15, 16, 17참조)

※ 조공편 전문 〈99字〉

其詞曰昔永樂五年歲在乙未王以碑麗不貢整旅躬率
往討過富山負山至鹽水上破其上部落六七百獲牛馬
羣羊不可稱數於是旋駕因過訝平道東來即自力城北
豊王獲旗遊觀土境困獵而還 百殘新羅舊是屬民由來
朝貢而倭以辛卯 年來渡海

※ 백잔토벌편 전문 〈289字〉
(본문 18, 19, 20, 21~27까지 참조)

破 百殘新羅以爲臣民以六年丙申王躬率水軍討利殘
國 以到首攻取百八城若模盧城餘幹弓利城利城閣彌
城牟盧城彌沙城古舍蔦城阿且城古利城困草城雜彌
城奧利城句牟城古須龍城羅城負山城味城家古龍羅
城楊城就谷城禹山城沙水城古八船城龍利朝城也利
(이하생략. 본문참조)
(본문문장의 변화는 없으나 해석할 때 "파"를 조공편에
붙여 해석함으로써 문장사고를 낸 부분이다.)

　위의 본문(참고1)은 조공편(朝貢編)이고 (참고2)는 백잔
토벌편의 각각 독립된 문단의 문장인데 일본측에서 하나
의 문장으로 조작한 부분이다. 조공편의 글자 수가 총 99
자중에 마지막 21자가 백제, 신라와 왜가 고구려에 조공
(朝貢)하는 관계를 확실하게 매듭지은 문장이다.
　광개토태왕은 즉위한지 5년(乙未)째 해에 옛 조선땅에
서 무단 점령하고 조공을 하지 않는 비려왕(碑麗王)을 죽
이고 부족을 복속시키고 옛 조선지역을 두루 평정하고 돌
아왔다는 조공편 문장의 말미에 추기(追記)한 것이 6년 전
일을 기록하였다. 6년 전이라 하면 신묘년 3월에 〈고국양
왕〉이 죽고, 광개토태왕이 즉위한 원년(元年)인데 이 해에
백잔과 신라, 그리고 고구려는 같은 권속(眷屬)끼리 지켜
온 풍습대로 조공관계를 유지하고 있음을 문장에서 확실

하게 표현하였고 삼국은 서로 우대하는 관계라는 뜻으로 국호와 국명을 최상의 어휘를 사용하여 표기했다. 이때가 사실상 화평한 시기였다. 때마침 〈태왕 원년의 신묘년에〉 왜(倭)도 조공을 가지고 왔으므로 백제, 신라, 가야에 조공하던 왜는 고구려까지 정식 조공을 했으므로 삼국(三國)과 왜는 한때(약 5년)는 조공으로 신임이 두터워지고 평화로 왔다는 회상(回想)의 문장이다. 사실이 이와 같은데 신묘년(태왕원년)에 태왕이 왜와 연합하여 백잔을 파하고 신라를 신민으로 삼았다는 엉터리 해석은 바로 태왕이 민족 역적이라는 뜻이 된다. 일본측 학자들은 남의 민족역사를 분열시킨 문제에 대해 변명을 해보라! (조공편 참고)

그러나 광개토태왕이 북방을 평정한 6년간에 남쪽에는 백제가 가야지역을 없애고 신라를 복속시킬 막강한 군사력을 준비하고 있었다 광개토태왕은 형제국끼리의 싸움은 국시(國是)에 반(反)하므로 민족반역이라 했던 것이다. 경찰군(官兵)은 그래서 백잔토벌을 시행한다는 명분을 세우기 위해 추기(追記)형식의 회상적 문장을 썼던 것이다. 이 문장법은 태학의 학자가 높은 수준에 있다는 뜻이고 고급의 문장구조다.

조공편(朝貢編)과 백잔토벌편(百殘討伐編)은 미묘하게도 연결된 문장처럼 보이지만 백잔신라 연래도해(年來渡海)까지는 백잔을 토벌한다는 명분의 예시문이다.

〈광개토태왕〉은 백잔을 토벌하기 위해 6년 전 삼국관계를 설명한 것이 〈백잔신라 구시속민…〉이며 그때에 이미 왜(倭)가 조공을 하였음을 상기시켰고 6년이 지난 병신년(丙申年)에 백잔을 토벌할 수밖에 없는 이유가 〈破百殘安新羅以爲臣民〉이 바로 그 명분을 설명하게 된다. 곧, 〈백잔이 안라를 파하고 신라를 신민으로 삼으려하니 재위 6년째 되는 병신년(丙申年)에 수군을 몸소 인솔하여 잔국(殘國)을 토벌한다는 것을 일본학자가 破 한자를 가지고 조공편에 끌어다 붙이므로 문제를 일으킨 것이다. (百殘 토벌편 참고)

- **신묘년은 삼국이 모두 강성한 때다.**

　따라서 〈왜가 신묘년에 바다를 건너가서 백잔을 파하고 신라를 신민으로 삼았다〉는 것은 성립(成立)하지 않는 문장이며, 역사적 배경으로도 신묘년은 삼국이 모두 강성한 때다. 백잔을 파하고 신라와 가야지역을 복속시킬 만큼 왜가 위력을 가지고 있을 때가 아니며, 조공을 가지고 올 만큼 더 강한 상대는 고구려였다. 그럼에도 문장을 와해(瓦解)하였고 〈신묘년 사건〉은 광개토태왕이 병신년(丙申年)에 백잔을 토벌하려는 문장과 관련하는 문맥인 줄을 깨닫지 못하였다. 앞에서 언급했듯이 신묘년은 고구려, 백제,

---

참고 : 단군의 언행은 〈발해사〉, 〈단군사조〉등 참조
　　　다만 현대 언어로 필자가 고쳐 썼음.

신라가 가장 안정되고 화평한 때였고, 때마침 왜도 고구려에 조공을 하려고 했을 만큼 왜가 도전할 상대가 없는 때다. 일본측 학자들은 해명해보라.

9. 문장 조작에 대한 분석

조공편의 끝 문장은 〈由來朝貢而倭以辛卯 年來渡海〉다. 그러나 일본측 학자들은 〈광개토태왕〉께서 백잔을 토벌하겠다는 이유와 명분을 기록한 〈破百殘 新羅安羅以爲臣民〉의 〈百殘討伐編〉 서문까지 끌어당겨 활용하므로 문장을 와해시킨 사례다.

좀 더 분석하면 〈倭가 辛卯年에 조공을 가지고 왔다〉는 이 부분은 비려(碑麗)를 토벌하는 을미년보다 먼저 기록될 문장이었으나 백잔토벌을 예시하는 추기형식으로 쓴 것은 문장 저작자가 예시문을 사용한 문장 실력자라는 증거다.

성균관 박사로 재직했던 단재(丹齊)께서도 이 부분에서 편년(編年)이 일치하지 않다하여 불만스러워 하였는데 동의한 학자가 많다.

그러나 〈석비문〉을 지은 원작자는 단재보다 한수 위의 대 문장가로서 높은 경지에 있는 문장가임이 틀림없고 그 사례가 바로 글을 빼트려 추기 한 것이 아니라 백잔을 토벌할 명분의 예시문을 사용하는 구성방식이 놀라운 부분이다.

조공편은 태왕이 형제국을 경찰하고 욕망의 군주를 제어하고 토벌해야 하는 명분을 가지고 있었고 그러므로 정복(征服)이 아닌 토벌한다는 명분을 확실하게 하였다. 토벌은 침략자와 민족의 반역자에 대한 응징이기 때문에 조심스럽게 피력한 것이다. 일본측 학자들은 이와 같은 고구려 태학자의 고도한 문장의 의도를 알지 못하면서 어설픈 실력으로 조작하기에 이르렀고 결국 문장을 와해(瓦解)했다고 생각했을 것이나 이육년 병신… (以六年 丙申…)에서 이(以)의 쓰임을 간과하므로 실수가 탄로 난 것이다. 이(以)는 부터, 써, 그래서 등으로 쓰이는 지시형 부사다. 또 이(而)의 쓰임도 간과하였는데 이(而)는 그리고, 그리하여 등으로 문장의 주제를 뒷문장까지 가져가라는 지시형 부사며 연결사인 것을 간과했던 것이다. 부사(副詞)를 볼 줄 모르면서 문장해석에 뛰어들어 원작자를 모독하였다. 일본측 학자는 이로써 국제적으로 망신을 당하게 되었다. 변명을 할 테면 자신 있게 해보라. 일본이 태왕의 석비를 일본으로 가져가려고 했는데 만일 가져갔다면 지금쯤은 파괴했을까? 그들의 수법은 본래의 유물을 없애버리고 위증품을 남겨두는 역사위조 전문가들이다. 그들은 일본 국민은 속였을 것이지만 한국민은 속일 수 없음을 깨닫기 바란다.

10. 해독(解讀)을 오판(誤判)한 부분에 대한 고찰(考察)

소위 〈신묘년 사건〉이라는 것을 일본측 학자들이 만들어낸 〈사건〉이다. 〈百殘新羅舊是屬民 由來朝貢 而 倭 以 辛卯 年來渡海〉 여기까지가 조공편 끝구절이고 〈破 百殘安羅新羅以爲臣民以 六年丙申王躬率水軍討利殘國〉 은 신묘년으로부터 6년 뒤의 백잔토벌 서문임을 기억해야 한다.

저자의 정해문 : 〈백잔과 신라는 예전에 이곳에 살았던 권속과 동족이니 조공하는 풍습을 지켜왔으며 그리고 왜는 신묘년부터 해마다 조공을 가지고 바다를 건너왔다〉
• (신묘년으로부터 6년 뒤)
〈백잔은 안라를 파(破)하고 신라를 신민으로 삼으려 (以 爲臣民) 했다. 그래서 (以) 재위 6년째 병신(丙申)년에 대왕은 몸소 수군(水軍)을 인솔하여 잔국(殘國)을 토벌하고 (모두)이롭게 하였다. 이것이 정해(正解)다.

참고 : 日本측 학자의 해석문 : 백잔과 신라는 옛날부터(고구려의) 속국민이라서 조공을 바쳤고 왜가 신묘년에 바다를 건너가서 백잔을 파(破)하고 신라를 신민으로 삼았다. 재위6년 丙申年에 대왕은 수군을 끌고 와서 잔국을 정벌하여 승리하였다.
※ 신묘년에 왜가 백잔을 파하고 병신년에는 태왕이 또 백잔을 파하고 승리한다? (이런 엉터리 해석은 없다)

※ 한문을 모르면 그럴 듯해서 "그럴 수가" 하고 놀라워

하게 되는데 일본측 학자들은 이처럼 애매하게 조작하여 의혹을 남기는 방법을 썼다. 이것이 바로 〈공작〉이다.

11. 오판한 문장을 비판하고 바로 고침(批正)

첫째, 일본측 학자들은 부사 而 와 이 以를 생략하고 명사(名詞)끼리 연결해 억지 해석을 하였다. 부사 이 而 는 주제인 〈조공〉을 후술(後述)문장에 다시 끌어와 사용하라는 지시격의 문장법을 일본측 학자는 무시하였다.

예) : 〈由來朝貢 而 倭以 辛卯〉를 而와 以를 생략하고 〈조공을 바쳐왔고〉+〈왜가〉+〈신묘년〉에 라고 하므로 〈명사+명사+명사〉 즉 〈由來+朝貢+倭+辛卯〉로 명사끼
(명사) (명사) (명사) (명사)

리 나열하여 서술하였다. 곧 〈조공을+바쳤고+왜(倭)+신묘년에〉라고 하였으며 부사(副詞)를 모두 생략하고 명사끼리 서술하였으며, 이것은 일본학자가 개발한 것으로 문장을 와해하는 수단으로 썼다. 반론을 쓰는 우리나라 학자들은 일본학자에게 끌려간 사례라 할 것이다. 그러나 실재문은

[由來 + 朝貢 + 而 + 倭 + 以 + 辛卯] 이와 같다.
(자동사) (명사) (부사) (명사) (부사) (명사)

좋은 문장은 문장법에 의한 구성을 원칙으로 하며 대문장가 일수록 철저히 원칙을 지켜 구성한다. 어설픈 실력으

로 와해(瓦解)할 줄만 아는 일본측 학자들은 반성할 일이다. 이 而 는 〈조공〉이라는 주제를 뒤 따르는 반복되는 문장에 다시 끌어다 쓰라는 것인데 〈조공을 가지고 바다를 건너오다〉를 회피할 의도로 이 而 의 지시형 부사를 무시하였다. 〈이 以 는 부터〉인데 신묘(辛卯)앞에 놓인 지시형 부사다. 〈신묘년 부터〉 〈조공을 가지고 왔다〉를 없애려는 목적으로 〈이(以)〉의 용례를 버렸다. (以의 용례는 병신년(丙申年)의 경우에서는 써, 그래서로 쓰임을 참고)

둘째 : 〈신묘년 사건〉은 문장을 파괴한 사건이다. 신묘년(辛卯年)에 〈바다를 건너가 백잔을 파(破)했다〉는 것으로 신묘년(辛卯年)+래도해(來渡海)+파(破)로 하여 신문장(新文章)을 만들어 낸 것은 일본측 학자의 기발한 「아이디어」다.

여기에는 천간(天干)을 가지고도 연도(年度)를 계산하는 매우 보편적 문장법인데 굳이 간지(干支)에 년(年)을 붙이므로 뒤따르는 문장을 와해한 「아이디어」로써 〈以辛卯〉에는 이(以)는 버리고 신묘년(辛卯年)하게 되고 연래도해(年來渡海)에서 년(年)으로 변조해석 해서 가져가므로 남아있을 글은 래도해(來渡海)가 된 것이다. 또 〈신묘년에 바다를 건너옴〉을 〈신묘년에 바다를 건너가서〉로 의역해 〈백잔(百殘)을 파(破)하고〉 한 것은 문장법으로 해석이 성립되지 않는다.

셋째 : 조공편에 대한 기술(記述)이 끝나고 파(破)는 다음 차례의 문장 서두의 서술문이다. 예 : 〈破百殘 安羅新羅 以爲臣民以六年丙申王躬率水軍討利殘國〉〈백잔은 안라를 파하고 신라를 신민을 삼으려 한다. 그리하여(以) 태왕은 재위 6년째 丙申(年)에 몸소 수군(水軍)을 인솔하여 백잔을 토벌 모두 이(利)롭게 하였다〉의 문장을 파(破)자(字) 단 한자로 와해시킨 사건이다.

일본측 학자들은 〈辛卯年〉을 내세워 타당한 주장이라고 우기는 증거로 〈辛卯年〉 명문(名文)이 박힌 많은 기물에 〈광개토태왕께서는 신묘년(辛卯年)에 왕이 되었음〉을 여러 곳에 문구(文句)를 남겼다. 기물들의 표시문에 남긴 신묘년 기록을 가지고 석비문 해석을 이용하려 했다. 일본 역사가가 증거보완을 위한 조작관념에 사로잡혀 전혀 의미가 다른 개념의 문장과 연결한 엉터리 사례다.

12. 신묘년 사건에 대한 삼학자(三學者)의 관점

일본측 학자가 해독하여 발표한 〈석비문〉에 대해 삼학자는 이미 숙지(熟知)하였고 소위 〈신묘년 사건〉이라는 문제의 부분에서도 고심(苦心)한 듯하다.

〈창강〉은 중국으로 이주하여 회인(懷人)까지 가서 〈석비문〉을 살폈고, 자료를 구하여 돌아올 때 고국은 이미 〈을사보호조약〉을 맺고 조국은 일본 지배하에 들어가게 되었으므로 억장이 무너지는 듯 하다 하였다. 그러나 민족은 존재하니 역사서는 남겨야 하겠다는 충정으로 〈한국역대 소사 : 韓國歷代小史〉를 중국 현지에서 집필하게 되며 고구려 역사 부문에서는 〈광개토태왕〉〈석비문〉을 개정한 전문(全文)을 수록, 출간하여 국내에 들여보냈지만 총독부에서 압류하므로 아쉽게도 국내에는 지금까지 알려지지 않았다.

〈청강〉은 〈증보문헌비고 : 增補文獻備考〉 찬집위원이었기 때문에 〈찬집청〉에 들어온 〈석비문〉을 이미 관찰했으며 그 자료가 조작되었다 판단하였고 그래서 사직하고 현장으로 갔던 것인데, 〈석비문〉을 관찰하고 보니 이미 손상이 되었음을 확인하였다. 탁본자의 손에서 마음대로 조작되는 과정도 확인하였고 따라서 자료를 구해 조심스럽게 접근 분석하였다.

〈창강〉은 일본측에서 〈찬집청〉에 제공한 〈석비문〉과 비교하여 조작된 부분이 어느 부분인지도 확인하였으므로 중국 현지에서 구한 자료와 중국문사와 지인들이 제공한 자료들을 가지고 복원 작업을 할 수 있었던 것이다. 창강과 만주인 문사 〈영희〉는 비문이 맺어준 〈문우〉다.

그러나 〈창강〉도 〈신묘년 사건〉에 대해서 오판한 것이 바로 속민(屬民) 부분이었고, 부사(副詞) 이(而)의 쓰임을 착각 일본측이 조작한 덫에 걸려 자신도 조작하는 오류를 저질렀다.

〈속민〉에 대해서는 이미 전장(前章)에서 설명하였으며 부사 〈이(而)〉에 대해 심층적 설명을 다시 한다면 다음과 같다.

만일 〈而〉가 없는 문장이라면 문장마다 주제문을 사용해야 한다. 그러나 〈而〉가 있음에도 해석할 때 문법대로 사용하지 않고 무시해버리면 명사나 형용사, 동사를 동원하여 지어야 한다. 고급문장은 문법의 원칙을 지켜 글을 지어 내므로 참고할 부분이다.

〈창강〉은 누구나 실력을 인정하는 대문장가 이었음에도 실수했다는 것은 바로 속민(屬民)과 신묘년(辛卯年)이라는 덫에 걸렸던 것이고 문구에 맞춘 래도해파〈來渡海破〉에 속았던 것이다. 그리고 결정적인 부분으로는 〈속민 : 屬民〉인데 〈속국민〉이라는 그럴듯한 해석문에서 다시 한번 속았고 또 〈百殘〉을 백제(百濟)의 잔적(殘敵)으로 익혀온 관념에서 연계되어 혼돈을 일으킨 듯하다.

이것은 〈문장심리학〉에서 볼 때 〈관념적 판단〉의 속성에 빠져버린 실수였다. 창강 본인이 詩를 짓는 분이여서

래도(來渡)의 용례를 인정하였고 해파(海破) 역시 쓰일 수 있다고 관념적 시어(詩語)로 오판하므로 반박을 위한 자신도〈조작〉하는 오류를 남겼다.

참고로 창강선생이 개정한 〈신묘년〉과 관련된 문장은 다음과 같다.

〈百濟新羅舊是屬民由來朝貢而倭以辛卯年來渡海破百濟隨破新羅以爲臣民以六年丙申王躬率水軍討利殘國〉

이 글에서 (•)점을 찍은 부분은 창강 선생께서 조작한 글이다.

> 〈창강〉은 이와 같이 개정하여 〈한국역대소사〉에 남겼으나 해석본은 없다. 다만 이 뜻을 단재가 인용했고 단재의 것을 정인보(鄭寅普 : 1892~) 선생께서 후일에 부분적으로 해석한바가 있었으나 대부분 과장이 심하다고 비판을 받았지만 관심은 끌었던 부분이다. (북한학자 해석문 참조) 그러나 북한 학자들은 〈정인보〉선생의 해석을 지지하였고 「남한」을 백제와 신라의 후예로 보는 입장이고 그들은 고구려의 계승자로 여기고 남한보다 우위라는 근거로 삼는 여러 자료 중의 하나로 채택했다.
> (P137~141참조, 정인보와 북한의 연구서 참고)

이와 같은 결과는 〈백잔·신라 구시속민(舊是屬民)〉과 〈신묘년 오판〉에서 근거하며 백제와 신라가 고구려의 속국민이라는 잘못된 인식의 해독(解讀)을 사실처럼 인식한 나쁜 결과를 낳았다. 최근에는 북한도 〈광개토태왕〉의 〈석비문〉연구서들이 시중 서점에 나와 있으나 〈정인보〉의 해석범위를 넘어서지 못하고 오히려 민족 분열을 자초하는 고구려의 지배적 의식을 강하게 가지고 있음을 북한의 〈광개토태왕 능비〉 연구서에서 확인하였다.

그러나 〈신묘년 사건〉에서 비롯한 것은 단순한 「해프닝」으로 끝난 것이 아니며 〈일본제국〉은 대륙침탈의 타당적 근거로 삼았고 북한정부는 그들의 〈국시〉로 여길 만큼 〈속국〉에 대한 오판을 확신하는 입장이다. 〈신묘년〉에 대한 일본측 학자들은 그동안 국제〈사기꾼〉으로써 해악을 끼쳤음이 판명되고 대한제국 〈홍문관 찬집청〉〈박용대〉〈신채호〉〈정인보〉〈북한역사학자〉등은 사실상 학자로서 민족을 분열시킨 책임이 없지 않다. 또 한국의 제도권 학자들도 무책임한 방관적 자세도 비판 받아야 할 입장이다.

〈단재〉는 석비문 전문(全文)에 대한 해독문은 남기지 않았다. 〈단재〉는 석비를 관찰(觀察)하기 위해 〈회인〉까지 갔으나 여관 심부름꾼과 필담(筆談)을 했을 때 〈석비〉는 깨어지고 도끼로 글자들을 쪼아버렸기 때문에 가봐도 소용없다〉는 거짓말을 믿고 석비를 보러왔다가 돌아가 버린 보고서(1931년 8월 6일, 조선사 49호 참조)를 읽고 〈단재〉답지 않아 납득하기 어려운 부분이다.

광범한 문헌을 바탕으로 〈조선사〉를 쓰면서 금석학(金石學)의 최고급 자료인 〈광개토태왕 석비문〉에 대한 뜻밖의 행동은 단편적이기는 하나 편향성이 있음을 알게 하는 부분이다. 석비(石碑), 정(鼎), 종(鐘), 갈(碣), 바위 등에 새겨둔 문자는 금석학적으로 중요한 자료인데 단 한자만 남았다 해도 소중한 자료로 여기고 더듬어 살펴서 문자의 고금(古今) 상황을 판단하고 훼손상태로도 고고학적 가치가 있는 것을 심부름꾼의 거짓말 한마디에 돌아서버린 것은 단재에게는 금석학적 고증안목은 없었다는 뜻이며 문헌과 문장에만 가치를 두고 있다는 편향적 성향이 있음을 알게 한다. 〈조선사 48~49참조〉

1931년 8월 5일~6일판 조선일보에 게재한 〈조선사〉자료를 보면 석비에 대한 〈단재〉보고서는 현장 석비문에서 적출(摘出)한 보고가 아니며 바로 〈단재〉의 스승 〈창강〉으로부터 자료를 받아 숙지(熟知)한 기록이다. 〈삼국사기〉에 〈광개토태왕〉의 정복활동기록이 없음을 비판했고 비문의 〈조공편 : 朝貢編〉에 비려토벌(碑麗討伐)은 나려정벌(那麗征伐)이라 주장하였다. 〈나려〉는 라라 또는 유유(孀孀)이니 흉노(匈奴)·몽고(蒙古)의 선조(先祖)라 주장하였다. 연(燕)을 정벌한 것은 중국과 벌인 전쟁으로써 한민족의 대외(對外) 원정이라 하여 고무적인 표현을 하였다.

그러나 〈단재〉는 〈광개토태왕〉이 〈신라〉를 존중하는 이유를 기록하지 않았고 석비에 신라왕이 등장하지 않음에도 〈신라매금〉이 대왕에게 무릎을 꿇고 사례를 하였다고 위증의 글을 남겼다.

 실제는 신라를 배신했던 〈안라왕〉이 자신을 용서해주고 떠나는 광개토태왕에게 무릎을 꿇고 감사하는 상황을 묘사한 글인데 굳이 〈신라왕〉으로 위증한 까닭은 무엇일까? 이 부분은 분명히 해독을 잘못한 오판인데도 〈단재〉의 주장을 따르는 많은 학자들이 신라를 비하하는 글의 단초가 된다. 광개토태왕은 신라는 옛 조선의 형제이고 모국 삼한의 진한(辰韓)출신인 점으로 형제 서열상 신라를 장자로 우대하였는데도 〈단재〉는 왜 삭제하고 위증을 했을까? 광개토태왕은 5국(신라·백제·부여·가야·고구려)은 같은 권속이며, 형제국가라 하였음에도 〈단재〉는 왜 신라·백제·가야·부여를 고구려의 속국민으로써 지배적 대상으로 판단했을까? 단재가 문장을 충분히 꿰뚫었을 것인데도 위증을 했다.

 〈광개토태왕〉은 장자(長子) 우위의 왕위 계승을 존중한다. 2013년 초에 신발견 고구려비에도 장자를 존중하고 서열을 지키라는 문구가 있다. 대왕은 신라를 옛 조선모국의 후예로써 부여·고구려·백제보다 우위에 있음을 존중했다. 신라 국호를 최상급 어휘로 사용했고 신라가 위기에 처하여 구원을 요청하면 즉시 출정해서 구해주는 〈의리〉의 근원은 모두 형제간의 서열존중의식이다. 또 백제가 반역하면 즉시 토벌하여 평정을 유지하려고 노력했던 것이다. 중요한 것은 〈태왕〉은 신라가 구원병을 요청하므로 〈관병 : 경찰병〉을 사실상 제도화했다.

그러나 단재는 서양사(西洋史)를 탐독하여 우리역사에도 광개토태왕이 타국(他國)을 정복하였고 작은 나라들을 정벌하여 지배한 영웅으로 자랑하고 싶어 했다. 만일 〈석비문〉을 깊이 분석하였다면 서양사적 관념을 뛰어넘을 민족 정서를 더 높게 평가하는 글이 나왔을 것 같은데 아쉽게도 그 부분은 찾아 볼 수 없다.

〈단재〉의 글은 민족기상을 다시 빛내려는 충정으로 썼음을 이해는 하지만 아쉽게도 〈석비문〉에 대한 오판은 말하지 않을 수 없으며 단재의 위중에 경악하여 3년이나 필자는 절필을 하였다. 그러나 그 사실을 말하는 것이 도리일 것 같아서 다시 연구를 진행했다.

여기까지는 〈창강〉선생과 〈단재〉선생의 석비문 관점이 〈백잔·신라〉에 대해 오판(誤判)함으로써 한국 최고의 두 지성(知性)도 실수가 있었음을 지적했고 마지막 희망은 〈소앙〉선생에 대한 기대감을 가지고 〈석비문〉을 고찰하기로 한다.

〈소앙〉은 위의 두 분에게는 제자요 후배다. 유생시절 성균관에서 어떤 가르침이 있었고 어떤 교분이 있었는지 알 수 없으나 〈망명정부〉시절 바쁜 외중에도 「역사」에 대한 관심은 세분 모두 가지고 있었음은 〈석비문〉과 유고 문집에서 확인할 수 있다. 〈소앙문집〉과 소앙의 「한국문원 : 韓國文苑」에 보면 기전체의 역사서를 남겼고 고구려 편에 〈광개토태왕 석비문〉은 한문 인쇄본으로 남겼다. 그러나 이 자료는 영희와 창강으로부터 비롯되었다고 기록하였고 현지에 가서 석비도 관찰하고 〈유정서국〉의 〈석비문 정탁본〉과 여러 자료들을 구하여 대조하고 분석하여 〈창강〉의 조작부분을 모두 삭제하고 후학을 위해 문구(文句)마다 점을 찍어서 해석에 도움이 되도록 전문(全文)을 정리해 두었다. (본문 : 참조)

〈소앙〉은 서평을 쓰지 않았고 후학은 한문에 능하지 않으면 해석하지 말라고 발문에 경고문을 실어뒀다. 다만, 아쉬운 일은 소앙 선생도 해석문을 남기지 않았다. 그것이 〈창강〉과 〈단재〉에 대한 반(反)하는 입장에 서게 되는 것이어서 일까? 시대적 상황이 〈단재〉의 주장이 워낙 강하게 주도하고 있기 때문이었을까? 하여간 〈창강〉과 〈소앙〉은 해석문을 남기지 않았고 후학에게 짐을 넘겼다.

그러나 〈소앙〉선생이 석비문을 정리하면서 글귀에 점을 찍어둠으로 소앙이 해석하고 싶었던 방향을 인지할 수 있게 해두어서 〈소앙〉의 관점(觀點)은 이해된다.

> 예) 〈百殘 新羅 · 舊是屬民 · 由來朝貢 · 而倭以辛卯 年
> 　　來 · 渡海 · 〉
> 〈破百殘　安羅新羅 · 以爲臣民 · 以六年丙申 · 王躬
> 　率水軍 · 討利殘國 · 〉

선생은 〈百殘〉에 대해 따로 (註)를 달지 않았으며 원문 대로 옮겨 토를 달아두는 것으로 이미 해석은 된 것이나 다름없고 가장 중요한 것은 〈年來·渡海〉에서 문단을 끊었고 〈破百殘……〉 이후는 다음 문장으로 넘겼으므로 〈소앙〉은 석비문장을 정확하게 읽었다.

이것으로 소앙은 〈창강〉과 〈단재〉에 비해 학자로 빛나지 않았으나 한 정치인이 냉철한 이성적 판단을 가지고 〈태왕석비문〉을 정확하게 갈파한 점은 관학(官學) 출신으로써 지성을 유감없이 빛내었다고 판단된다.

13. 석비문의 비밀에 대해

[해설] 본래는 비밀일 수 없는 것을 문장 조작으로 해석이 빗나갔기 때문에 비밀이 되었다.

1. 서체(書體) : 전서(篆書) · 예서(隷書) · 해서(楷書) · 변서체를 썼다. 광개토태왕 석비문 서체는 오체(五體)를 혼용하여 자유롭고 기상이 넘쳐 북아시아인의 기질을

발휘한 능필이다. 이러한 발상은 탈(脫) 중국의 독자성을 뜻하며 언뜻 〈잡글〉처럼 볼 수 있으나 중국은 이미 상형(象形)의 기본을 혁파하고 다양한 서체로 발전하므로 본래의 그림체는 일상에서 사라졌다. 그러므로 일정한 법체를 만들어 가지고 쓰는 중국서체와 비교하면 대왕의 석비문은 자연의 것이며 독특한 구성이다.

2. 문장(文章) : 석비문은 한문구조에서 관념성을 배제한 사실상 현장감 넘치는 기사문이다. 전체 글에서 관념은 쓰이지 않았고 부사(副詞)를 써서 사실감이 넘치는 명문장이다. 다만 정탁본에도 허사(虛辭)가 나오는데 이것은 한문의 관념 때문에 오탁하였다. 이와 같은 형식은 북아시아인들의 현장생활에서 근원(根源)하며 역사문이다. 특히 고구려 태학관 교수의 글이어서 태왕의 철학을 세우고 역사관이 매우 투철한 문장이다.(본문참조) 여기에서 발전한 것이 송대(宋代)의 서사체 문장이다. 당나라말기 〈소동파〉는 북방을 여행하고 깨달은 것은 북방민족이 쓰는 문장에서 사실감을 가지고 있음을 깨닫고 자신의 산문과 시작(詩作)에 도입하므로 유행하게 된 것이 송사(宋詞)의 근원(根源)이다.

3. 탁본(拓本) : 탑본(榻本). 금석문의 중요한 자료 석비(石碑), 정(鼎) : 솥, 그릇(器), 칼(刀), 종(鐘)바위 등에 새겨진 글이나 그림을 종이에 찍어낸 것인데 〈광개토태

왕)의 석비문도 탁본을 해서 해독을 하게 된다. 이때는 탁공의 손에서 자칫 실수하거나 조작을 해서 어떤 부분이 훼손되거나 다른 뜻으로 해석되어 문제를 일으키기도 한다. 〈광개토태왕〉의 석비문은 탁공의 손에서 주문자의 요청에 따라 마음대로 글을 찍어주는 짓을 하므로 문제를 일으키는 사람 중의 하나다. 고고학상 금석문의 고증에 따라 역사를 바라보고 해석하는 중요한 일이어서 「탁본」에 대한 기술은 도덕성(道德性)이 요구되는 것으로 〈역사조작〉에는 이들이 늘 같이 있었음을 주시할 일이다. 또 탁본작업 다음은 편집인데 편집과정에 순서가 바뀌거나 다른 글을 삽입하여 오판하게 하므로 해석자는 탁본문을 관찰할 때는 문장력을 갈파할 능력이 있어야 한다. 정탁본문도 편집과정과 탁본 과정에 오류가 있음을 참고할 사항이다. (탁본 참조)

4. 惟昔始祖 : 옛날부터(오랫동안) 한결같이 선조들이 비롯하였으므로, (한결같이(부사), 처음부터, 끝까지 똑같게. 〈昔〉은 (명사) 오랫동안. 「始祖」, 여기에서는 선조들이 비롯하였으므로이니 서술어다.)

5. 鄒牟王之創基也 : 추모왕은 그곳에 나라를 세우게 되었다. 〈之〉는 대명사(고구려) 〈그곳〉이며 추모왕이 처음 나라를 세운 곳을 뜻한다.

6. 出自北夫餘天帝之子 : 자신은 북부여에서 태어났으나 본래는 천제국(天帝國) (옛 조선)의 자손이다. 출(出)은

그곳 출신이라는 뜻

7. **我是皇天之子** : 나는 이곳을 다스린 천제(天帝)의 자손
   아 시 황 천 지 자
   이다. 이 문장은 과거형 서술이다. 시황(是皇)을 「나는
   황천(皇天)의 아들이다(是)라고 하면 문장에 대한 모독
   이다. 시황(是皇)은 〈이곳을 다스리는 天帝〉에 대한 서
   술어다.

8. **破其上部落六七百獲牛馬群羊不可稱數** : (기)其는 비
   파 기 상 부 락 육 칠 백 획 우 마 군 양 불 가 칭 수
   려(碑麗). 상(上)은 비려의 왕이다. 그러므로 〈비려의
   王과 부락 六七百을 파(破)하고 노획한 군양은 헤아릴
   수가 없었다〉라고 해석해야만 한다. 그러나 이 부분을
   대부분 원문을 뛰어넘고 해석했는데 아래의 해석을 참
   고할 것. 지금까지 〈其上〉에 대해서 정확하게 짚은 자
   가 없다. 〈단재〉선생도 〈其上〉을 해석문에서 생략하고
   〈부락六七百을 파하고……〉라 해석하므로 태왕이 토벌
   하러 간 뜻을 약화시켰다. 토벌대상인 적국의 왕을 굴
   복시키거나 죽이지 않으면 의미가 없으므로 〈其上〉을
   놓치고도 마치 토벌을 하여 성과를 이루었다는 해석은
   전쟁과 토벌의 수칙을 모르는 자의 오판이다.

9. **至任那加羅從拔城** : 임나에서 가라까지 마침내 성(城)
   지 임 나 가 라 종 발 성
   을 모두 빼앗았다 이다. 임나가라(任那加羅)가 존재하
   는 지명이라 할 때는 「임나」라고 두 글자만 써도 「임
   나가라」는 성립한다. 석비문에는 지명이나 국가는 是

(이곳), (之) 그곳. (此)여기에 등으로 간단한 약자(略字)를 쓰는 사실을 일본측 학자들은 문맥을 몰랐다는 뜻이다.

10. 從拔城(종발성) : 종발성(從拔城)은 지명이 아닌데도 일본측 학자들이나 반론을 쓰는 한국측 학자들은 마치 〈임나가라 종발성〉에서 라고 하니 국제적으로 망신당할 해석법이다. 종(從)은 마침내, 발(拔)은 빼앗았다. 그러므로 〈마침내 성을 모두 빼앗았다〉라고 해야 한다. 이 부분은 구왕신라편(求往新羅編) 참조.

11. 奉母命駕(봉모명가) : 어머니를 모시고 하늘의 명(天命)을 어깨에 지고의 뜻.
위의 해석을 어머니의 명을 받들어 가마를 〈메고…〉는 해석 오류다. 그러므로 〈어머니를 모시고 천명(天命)을 품고 떠났다〉가 옳은 해석이다. 순(巡)은 떠남.

12. 國剛上(국강상) : 조국을 금강석 같은 강한 반석위에 올리다.

13. 廣開土境(광개토경) : 문호를 크게 열어주시고, 국토를 회복하시다는 시호의 뜻

14. 庶寧(서령) : 무리들이 편하다 함. 백성이 편하다.

15. 民殷(민은) : 먼 곳으로부터 사람들이 찾아와 활기가 넘침.

16. 昊天(호천) : 넓은 하늘. (가을 하늘)

17. 不吊卅有九(불적삽유구) : 태왕의 명줄이 39세에 불과함.

(412년 사망의 해. 재위22년)

18. 晏駕棄國(안가기국) : 이승의 가마를 타고서 저승으로 감. (3년 상을 뜻함)

(3년상을 마치고 갑인년 9월 29일은 기일 생존일로 정함.)

19. 遷就山陵(천취산릉) : 산에다 능을 옮기어 새로 모심. (을유년은 445년) (지금까지 연구자들은 태왕의 생몰연대를 잘못 해석함)

20. 銘記勳蹟(명기훈적) : 훈적을 기록하고 새겨둠.

21. 是拔五十八城村七百(시발오십팔성촌칠백) : 이곳에서 58성(城)과 마을 七百을 빼앗았다.

22. 因便抄得(인편초득) : 도둑질로 편하게 살지 말라.

23. 躡蹤追來(섭종추래) : 뒤를 쫓아 샅샅이 찾아 잡아오다.

※ (본문 해석 과정에서 용어해설이 계속됨)

14. 삼학자론의 총평

〈광개토태왕 석비문〉해석과 관계 자료는 준비된 것만으로도 1700여 쪽이 넘지만 축약하였다.

한 일본 역사가는 우리나라에 대한 〈고대사 부분에 단 한 줄도 고칠 것이 없다〉라는 말을 하여 연구서를 다시 검토하고 또 검토하였으나 나의 연구서는 큰 하자가 없음을 확인하였다.

그래서 〈국립중앙도서관〉에 수차례 방문하여 관련서적들을 살펴보고 점검하니 〈증보문헌비고〉에 실린 태왕의 석비문을 확인한 뒤 일본학자가 말한 뜻을 알게 되었고, 그것이 한국정부(대한제국)에서 간행한 정사(正史)문헌에 그들의 공작문서가 차지해 있음을 알았을 때는 경악하였다.

바로 〈이것이구나!〉, 〈우리나라 제도권에서 덮어두고 있는 것이 바로 이것이구나〉 한국민족을 갈라놓으려는 문서가 바로 〈광개토태왕〉 석비문을 조작하여 수록한 사실을 알았다. 제도권 학자를 매수하여 우리 정사집에 일본의 공작문서가 차지해 있다는 것은 제도권 학자들이 무책임했음을 확인하였다.

일본은 〈을사보호조약〉체결 이전에 이미 한민족을 갈라놓고 민족끼리 적대하면서 하나가 될 수 없게 한 것이 〈광개토태왕 석비문〉에서 비롯된다는 사실을 우리는 모르고 있었고, 그동안 일본이 해석한 글을 놓고 얼마나 왈가왈부 했으며 일본측에서는 그 모습을 얼마나 즐기고 있었을까? 그러므로 〈광개토태왕〉 석비문 보고서에 대한 결론은 정부가 내려야 할 것이다.

나는 60년을 오로지 우리나라가 어떤 나라였던가? 내가 누구인가? 라는 생각만 했었고 이제 그 맥(脈)을 짚었지만 우리는 이미 남북으로 갈라지고 사상과 이념으로, 종교와 종교 민족주의자와 세계주의자들, 세대간 갈등, 이유 없는 정부불신, 이기적 국민, 등등의 현실 앞에서 좌절하고 말았다. 지금 나의 연구가 무슨 소용이냐 싶고 〈광개토태왕〉〈석비문〉의 진실을 밝혀본들 무슨 소용이며 제도권이나 민심은 하나같이 자기 안위에만 관심뿐이고 남의 재산과 공(功)을 함부로 삼키는 못돼 먹은 풍조를 생각할 때마다 들고 있던 붓을 수없이 던졌다.

그러나 서글픈 생각을 잠시 뒤로하고 내 앞에 〈광개토태왕〉 석비문의 탁본서가 있어서 어루만지고 뒤척이다 보면 어느새 또 위안이 된다. 나는 〈복을 많이 받은 한국사람〉이라는 생각이 든다.

2012년 2월 1일

서울역사박물관 삼균학회 34호집 발표(축약)

광개토태왕 석비문의 비밀들

3

실종된 역사는 없다 확인하지 않았을 뿐이다.

고대한국종족은 아시아북부에서 발흥, 동아시아, 중앙아시아까지 퍼졌고, 한반도에서 다시 중국과 일본 도서까지 큰 새[1]가 바다위로 날으는 모습으로 존재하는 영역의 종족이다. 교과서에 아시아인의 원류로 몽골계 주장은 좀 더 연구되어야 할 부분이며 시원은 몽골에서 더 북상해야 한다. 인류의 발생은 지구의 변화에 따라 순차적 생성 시기에 동시 다발적으로 발생된 결과라는 주장을 수용한다면 인류의 원조가 아프리카에서 전파 되었다는 주장은 수정되어야 한다.

이와 같은 주장들은 과학적 근거에서 원인하지만 역사는 반드시 과학적일 수만 없다고 할 때 만일 과학이 증명 못하면 인류사가 아니란 말인가?

참고1. 규원사화 참조
　　　문장의 서두에 규원사화의 증언을 인용하였으나 「큰 새가 날아가는 모습의 영역」을 표현한 문장이 눈을 끌었고 참고는 그것에 한정함.

- 고대 한국사는 어디로 갔는가?

 광개토태왕 석비문에 천제국이 기록되어 있다. 천제국의 자손들 즉 단군의 자손은 인류 발생기부터 아시아에 퍼져 생존해 있음에도 역사에는 그들에 관한 글이 기록되지 않았다. 틀림없이 존재했던 종족이, 아직도 건재한 종족을 통째로 인류역사기록에서 사라지고 말았는데 누가 그 기록을 지웠을까? 종족이 건재해 있음에도 한국 종족의 존재감이 역사에 없다는 것은 오류인가? 음모인가?

- 문명권과 비문명권

 서구사회는 무슨 근거로 아시아, 아프리카를 비문명권이라 했는가? 그들은 아시아, 아프리카의 잠재력에 대해 과소평가했고 인류시원의 조상을 무시했다. 현대무기를 앞세워 쉽게 점령했으나 결국 그들의 표현대로 비문명권이 가지고 있지 않은 것을 만들어 문명이라는 지위를 부여한 현대무기로 아시아와 아프리카를 점령했고 식민화 하였다. 신무기 앞에는 인류 양심은 존재하지 않는다.

- 사대주의 몰락

 한편 중국을 대국(大國)으로 섬겼던 아시아 이웃 국가들은 중국이 부패와 아편 때문에 무너졌으니 거짓말 같은 사실 앞에 아연했고 경악했다. 문명국이라 자부하던 그들이 거만하고 교만하던 대국이 비참하게 무너질 수 있는가. 깜짝 놀랐고 허탈했다. 중국이 무너질 때에도 시를 읊고 상소하는 지식인들이 수두룩했으나 잘난 사대부들은 서구 지식에 아무 대응을 못했다.

일본도 일찍이 개방을 당하고 천황의 체면이 짓밟혔으나 빠르게 서구 현대 지식을 학습했고 서구와 같은 신식 무기를 만들어 총구멍을 동족 아시아를 향했고 침탈했다. 그들은 정말 나쁜 종족이었다.

● 문자문명의 발상지

아시아는 언제부터 문명한 지역이었을까? 그 문명의 척도는 바로 문자의 존재였다. 북부 아시아 즉 고대한국의 천제국은 일찍이 문자를 개발해 사용한 문명국이였다. 그 증거는 아시아 북부에서 한반도 남단까지 문자와 그림들이 헤아릴 수 없이 많은 자료가 암벽에 아직도 기록되어 있다. 문자 문명은 아시아 전역에서 거의 같은 시기에 발생했고 빠르게 발달했으나 단연 중국이 화려한 문명국으로 우뚝 섰다. 중국은 문자문명 하나로 아시아를 대표했고 자랑이 대단했으며 거만했다. 바로 이 문자를 가지고 중국은 이웃 국가들을 압도했고 그들을 흡수했다.

그러나 고대한국은 중국보다 먼저 문자를 창제했음에도 중국 문자에 흡수당했고 조선민의 고유한 문자를 정착시키지 못하였다. 빼앗긴 것일까? 포기한 것일까? 한국민은 문자를 여러 번 창제했으나 문명화에 정착시키지 않았다. 암벽의 그림문자, 돌과 기물의 문자, 토기문 그림문자, 가림토, 이두, 토씨문, 훈민정음 등을 창제해 사용했음에도 아무것도 정착시키지 않은 이유는 무엇일까?

● 500년 만에 허락한 훈민정음

훈민정음도 창제해 두고도 백성의 글이 되기까지 500년 세월이 흘렀다. 그나마 순종 황제가 훈민정음을 국문으로 쓰라 공표한 뒤에서 하루 아침에 배워 사용하는 자가 있을 정도로 짧은 시간에 문맹률이 가장 적은 나라가 되었다.

세계 제일의 문자 보유국이 훈민정음을 허락하기까지 500년 세월을 흘려보내야만 했다. 비로소 문자 문명국의 자리에 다시 앉았으나 지금은 일상적으로 외래어가 범람해 있는 실정이다.

● 은둔자 단군을 찾아가는 여행길

한국은 이처럼 문명 자질을 가지고 있음에도 왜 문명주의를 포기해야 했는가? 나는 역사가들에게 질문할 것이 많으나 누가 대답해 주겠는가? 고대한국에 관한 자료는 유구한 역사에 비해 사실상 기록이 너무 희귀하다. 그래서 문헌의 여기저기에 몇 자의 기록을 가지고 사유할 수밖에 없었다. 사유는 상상과 다르다. 사유를 배제한 역사가 없으며 역사가 존재하지 않는 철학도 없다.

한문학은 역사와 철학을 넘나드는 공부다. 독자 앞에 있는 보고서는 역사와 철학의 공간을 내왕할 것이다. 천제국과 단군을 찾는 공부는 사유의 방법도 허락될 것이라 여기며 역사와 철학의 거래로 천제국을 추적하려고 한다.
  앞으로 단군시대는 만나게 될 것이다. 은둔자 단군(隱遁者 檀君)을 찾아가는 여행길은 광개토태왕 석비문과 동행하는 길이 될 것이다.

은둔자의 선택

종족보전의 길을 찾다

고대 조선 땅에는 유민이 많이 흘러들어와 살았다. 중국으로부터 도망쳐온 책사가 많았으며 그들은 조선도 중국같이 강대해지도록 도와주겠다 큰 소리쳤다. 하지만 단군은 전쟁을 싫어했으며 전쟁이 나기 전에 예방하는 방법을 가지고 있어서 유랑하는 작은 나라들은 조선에서 살도록 요청하면 늘 보살펴주었다.

단군 조정은 유민이 가지고 오는 정보를 분석했고 천기(天氣)를 늘 살폈는데 농사를 망친 지역은 도둑으로 변할 수 있으므로 미리 식량을 보내주는 덕망 높은 임금 이였다. 지금도 지구촌의 미국이나 아시아 지역에 기상 이변으로 큰 참사를 겪는 보도를 보면 단군의 조정은 태풍, 지진, 해일 등 기상이변이 일어날 때를 미리 대비해 사전에 참변과 참사의 규모를 판단하여 거주자를 대피시키는 탁월한 지도자였다. 문명한 현대가 〈비문명한 조선민〉의 기상 감각을 한 수 배워야 할 것 같다.

- **실존인물 단군**

단군은 다음의 대를 잇는 단군①에게도 똑같은 자질을

가르쳤으며 단군이란 천제국의 후계구도를 내려 받는 천제님이다. 공자(孔子)는 한국의 단군을 존경하였다. 공자의 표현대로라면 "그는 세상의 학문을 뛰어 넘었으며 그분의 가르침은 하늘의 뜻과 같다. 신하의 인(仁)은 그에게 미치지 못한다. 나는 다음에 태어난다면 조선(동이)에 태어나고 싶다" 하였다.

공자는 한국의 임금을 정확하게 알았고, 한국을 너무 잘 알고 있었다. 나는 단군의 인품을 공자로부터 술회한 탄식에서 짐작했고 단군에 대한 사유는 여기에서 단서를 찾아 글의 실마리를 삼기로 한다. 아시아 최고의 지식인이자 성인이신 공자께서도 존경한 단군은 실제 생존 인물임을 역사학자들은 인정해야 한다.

• 기자(箕子)의 등장

기자라는 인물이 있었다. 그는 지식인처럼 학문이 깊은 문명인이였다. 그는 단군의 눈에 띄었고 편향적이지 않아 중도적인 인품을 칭찬하였다. 단군은 기자에게 국권을 넘기고 바로 궁평(穹坪)②으로 들어가 은둔하였다. 기자의 조선은 선왕 때 같이 유민들이 많이 와 살았으며, 시장에는 산물이 넘쳐 활기가 넘쳤다.

참고 : ① 공자는 기자를 평하였으나 기자의 선왕이 바로 단군임을 후일에 다시 깨달음. 공자의 평은 단군의 인격을 평함.
참고 : ② 穹坪 : 하늘의 중심을 황궁우(皇穹宇), 땅의 중심을 궁평(穹坪)이라 함. 실재지명-〈하르빈〉인 듯.

젊은 사람들은 중국서책을 구해 읽으며 출세하려는 사회풍조가 유행했고, 기자 임금의 통치시절은 권력의 맛을 즐기는 세력이 정권을 장악하였다. 그들은 백성들의 재물을 탐하였고, 토지를 착복한 귀족들은 백성을 노예로 부리니 중국처럼 사회가 부패하기 시작했다. 백성들의 원성이 높아지고 고국을 떠나는 사람들이 줄을 이어 동서남북으로 흩어지기 시작하였다.

● 기자의 실정(失政)

고국을 떠난 사람 중에는 중앙아시아로 서남아시아로 지중해를 건너는 사람도 있었고, 중동까지 이동하여 정착하는 자도 있었다. 또 중국으로 귀화하고 한반도로 내려와 정착하기도 하고 해양 도서로 가버린 자도 있었다. 기자조선은 인접국들과 충돌도 자주 발생했다. 책사들이 조정 깊숙이 들어갔으니 전쟁은 일상의 일이 되고 말았다.

● 궁평(穹坪)이란?

궁평으로 은둔한 단군은 문명(文明)에 대한 사유를 오랫동안 했으며 진정한 삶의 질을 고민했다. 단군을 찾아오는 백성들은 안심하고 살 수 있는 길을 물었고 단군은 그들에게 현명한 답을 주어야만 했다. 자연에 칩거한 단군은 씨앗 주머니를 항상 옆구리에 차고 다녔으며, 땅을 일으키고 씨를 뿌려 가꾸다보면 수확하는 기쁨이 있음을 가르쳤고 농경은 사람을 안심하고 살아갈 수 있는 기본임을 가르쳤다.

- 자연이란?

 자연은 천연이다. 사람이 생존하기 전부터 존재했던 만물의 어버이다. 천연에서 생명이 태어났고 사람도 바로 여기에서 태어났다. 그러나 생명은 어떻게 만들어 태어났는지 설명은 하지 않았다.

 그러나 사람과 생명이 먹고 마시는 생리의 원천은 곡식과 물이며 그것은 태양과 바람, 맑은 공기 중에서 성장하며 때가 되면 반드시 결실이 있는 자연에 사람이 가까이 가서 살게 할 때 사람의 가치가 보전될 것이라 가르쳤다.

- 문명주의를 비판

 문명은 자연 앞에 아무것도 아닌 속임수와 같다. 인간은 아무리 문명해도 한 톨의 곡식도 한 방울의 물도 붓끝에서 생산해 내지 못한다. 오직 부지런한 농부의 손에서 가능하다. 출세자는 자연에서 도망쳐 달아난 도둑과 같다고 단군은 문명주의를 가혹하게 혹평했다. 바로 단군 자신이 자연주의자라는 선언이다. 문명인이나 출세자나 모두 농경자의 곡식을 먹어야 살 수 있는 병자들이다. 그들이 뺏으러 오기 전에 훔치러오기 전에 미리 나누어 줄 준비를 하라 하였고 농사는 넉넉하게 짓는 것이라 하였다.

참고 : 단군의 언행은 〈발해사〉, 〈단군사조〉등 참조
　　　다만 현대 언어로 필자가 고쳐 썼음.

문명한 지식인도 출세하려는 책사도 결국 먹어야 하고 빼앗아 먹으면서 그들의 욕망은 끝없는 자들이니 넉넉히 농사를 짓도록 했다.

"내 자식이 출세에 눈이 멀게 되거나 글 읽기를 즐기면 어쩌랴! 그들의 식량도 남겨줘야 하지 않겠는가? 나라의 일꾼이 땅을 지켜주는 댓가로 백성이 재물과 곡식을 내어놔야 한다면 넉넉히 줘라. 넉넉히 주지 않으면 강제로 징발할 것이니 뺏는 것은 그들의 일이다 어쩌겠는가? 그들의 권력이야 잠깐 끝나지만 권력의 꼬리는 끝없이 이어지므로 넉넉히 농사를 짓도록 하라. 가족이나 마을에 놀고먹는 자가 없어야 하고 농사의 즐거움을 찾게 하라. 한 해 농사일이 끝나면 무얼 하겠는가? 수확의 고마움을 하늘에 고하고 천제로 부터 삶의 보전을 요청하라." 하였다.

- 오락과 유희

그리고 "체력단련 운동기술과 오락을 만들어 즐거운 일상을 터득하라. 마을에 부족한 물자는 교환해 사용하고 언제나 곳간을 넉넉히 채워야 슬픈 일이 없게 되니 수확과 결실을 즐겨라. 또 무너진 길과 담장도 보수하고 망가진 농기구도 미리 고쳐놓고 추위에 대비 집수리도 하고, 땔감을 쌓아두고 집안에 냉기가 없어야 아이들이 잘 자랄 것이다. 어부는 부지런히 거물을 짜고 수레와 배를 많이 만들어 둬라. 나라에 재난이 나면 쓰일 일이 많으니 이것은 한가한 여가에 준비할 일이다. 직녀는 부지런히 옷감을 짜두고 자식이 자라면 짝을 지워 새 옷을 입혀라. 얼마나 기쁘겠는가? 농사를 망친 이웃 마을에 곡식을 나누어주고 교환할 물자를 가지고 오면 넉넉한 값을 쳐주어라. 마을의 원로는 천기(天氣)를 살펴서 농사에 실패가 없도록 하고 남녀노소간에 존경을 잃지 말라" 는 등 가르침이 자상하였다.

궁평(穹坪)은 천제님과 소통하는 거처이자 세상을 경영하는 사유의 공간이다. 단군의 농경은 바로 이곳에서 실험되었고 생존을 증명한 곳이다.

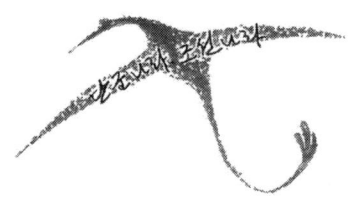

참고 : ① 광개토태왕 석비문 朝貢編에 〈於是旋駕 因過穹平道東來…〉이곳에서 가마를 돌려 옛 터전 궁평을 둘러보고 동쪽으로…
② 궁평은 천제에게 고하는 재단의 터이기도 하다. 하늘의 뜻을 전하거나 하늘에 뜻을 올리는 곳.
서울 소재 원구단 皇穹宇 참조

종족 보전의 길은 있었다.

● 단군과 광개토태왕

광개토태왕 석비문〈조공편〉에 궁평이 기록되어 있다. 대왕은 북방 지역을 토벌하고 돌아올 때는 반드시 궁평을 방문했다. 궁평은 삼한조선의 중심지역이고 천제님으로부터 삼한의 경영철학을 가르친 거점인 듯하다. (석비문 본문16 참조)

단군의 농경철학에는 백성이 터전을 잃는 일만은 없게 하려고 고민과 사유를 많이 한 듯하다. 그는 터전을 잃는 일은 서럽다 하였고 터전을 지키려면 권력자나 조정의 생각을 뛰어 넘어가라 하였다.

또 "문명한 나라는 쉽게 부패하기 때문에 반드시 오래가지 못한다. 그러나 농경은 한 해도 그르치지 말라" 하였다. "식량이 바닥이 나면 누구나 도둑으로 변하니 넉넉한 곳간은 사람을 구제할 근거가 된다. 또 곳간이 넉넉하면 세상 사람이 편안하다고 하였다. 문명은 변덕이 심하므로 문명할수록 사람이 아침에 먹었던 마음이 저녁에 변한다. 그러나 자연은 어떠한가? 천기는 어김없이 때를 맞추어 찾아오며 때에 맞춰 사람이 잘 대응하고 잘 적응한다면 원하는 것은 다 줄 것이다."

문명국가는 권력과 세력의 싸움터이다. 모략과 지모가

출중한 책사가 이끌어가는 곳이다. 하늘의 백성은 그들을 닮지 말라. 자연에 뿌리내린 나라는 무너지지 않는다. 나의 백성은 터전을 지키는 자들이며 나라는 사람이 존재할 때라야 나라다. 사람이 나라를 지키는 뿌리다. 땅을 떠난 자는 바로 종족과 나라를 버리는 것이다.

- 사람이 국가다

  은둔자 단군은 사람의 삶의 가치를 생각했으며 농경과 터전을 지키는 것을 삶의 근간으로 삼게 했다. 단군은 권력의 한계와 국가의 소멸을 생각했으며 국가의 소멸은 사람이 떠나는 것이라 했다. 사람이 국가다. 그래서 단군의 백성들은 터전을 지켰으며 권력과 정권이 백성의 재산을 빼앗아가도 살아남을 지혜를 가르쳐주었다. 단군의 농경사상은 터전을 지키는 보전 철학이었고, 단군의 사유 목적이었다. 단군의 백성들은 광활한 북아시아에서 한반도까지 목축과 농경지를 만들어 경영한 까닭은 자연의 재난을 피해 어디든지 갈 수 있게, 어디든지 가서 살 수 있게 했던 것이다. 넓은 아시아 전역에 단군의 백성이 없는 곳이 없으며 그들은 가는 곳마다 농경은 멈추지 않는다. 단군은 모든 어버이의 심성이 단군과 같기를 바랬고 천심을 가지고 살게 하였다. 이것이 천명(天命)이며 한국인이 품고 있을 품성이다.

- **위기를 어떻게 대응했을까?**

한국민은 지구상의 종족 중에 2,000여회나 외침을 겪고도 생존한 민족이다 인류사(人類史)에 한 때 강했던 종족은 수없이 많으나 대부분 사라졌다. 한국민만큼 외침을 겪고도 생존한 민족은 몇 나라 되지 않는다. 화려한 문명은 영원할 수 없다는 단군의 보전 철학이 지켜낸 종족생존 방식이 바로 농경사상에서 근원한다. 단군의 농경사상은 동서양 지식인이 깨닫지 못한 경지이며 착취의 대상이었던 하찮게 여겼던 농경에서 보편적 삶의 가치를 발견한 것이다. 단군이 기자에게 나라를 맡기고 은둔할 때는 농경을 실험했고 결과적으로 단군의 선택은 옳았다.

- **자연정복은 문명의 오만이다**

이제 왕정시대는 대부분 사라졌다. 또 귀족시대도 마감하였다. 프랑스 시민혁명이 획득한 인류사의 승리다. 그러나 시민시대 이후에 등장한 자본주의와 공산주의 · 나치즘의 신민족주의, 포스트모더니즘의 신자유주의자들은 지식인이 방치하여 추악한 사태를 생산해 내고 말았다. 현대사조(思潮)는 끝없는 욕망을 부추기고 인류 동족끼리 충돌하게 했고 인류의 보편적 가치 창조는 포기했다. 그들은 자연을 침략하여 농경을 산업화하려했고 농경민의 삶의 가치는 화폐가치와 바꿨다. 농경민의 삶을 보전 못한 현대

과학은 화학농과 기계농으로 전환시켰고 순수한 자연산물은 인간의 손에서 떠나게 했고 원격조종 농경 로봇 경영시대가 차지하기 시작했다.

자연은 자연의 사람과 더불어야 진정한 가치가 있을 것인데, 문명은 자연을 정복해서 획득하려는 착취개념을 포기하지 않는다. 자연은 과연 문명의 노예인가? 어림없는 논리를 버려라. 문명의 자연정복은 도적이고 오만이다. 지식인이 그것에 대해 침묵함으로써 공범자가 되었다.

● 기원전에 자연주의 선언

단군은 자연주의, 농경사상의 선언자다. 농경민의 스승이다. 인류의 삶의 질은 문명에 있지 않음을 깨달아야 한다. 석가, 공자, 소크라테스, 예수 같은 성인이 나기 전에 한국의 단군은 자연으로 돌아간 은둔자였고 농경철학을 선언한 인류의 스승이었다. 공자가 술회한 단군은 세계사에 등장해야 할 실존인물이며 사조사에 단군의 초대석을 마련해야 한다. 사조사적으로도 한국의 자연주의 농경사상은 수천년 이상 실험된 실제사다. 현대문명은 겸손해야 하고 진정한 인류의 삶의 가치가 무엇인지 현대 지식인은 정답을 던져보라. 사람은 일을 할 때 진정한 인간의 가치가 창출된다. 그 일이 먹을 양식을 생산하고 보금자리를 만들고 재해와 재난을 대비하고 어디에 살던 이동이 자유롭고 재해 피난처가 준비되어 있어야 할 것인데 사람을 도시로 내몰아 살게 해 재해재난을 고스란히 당하게 하는 문명이라면 인류의 적은 바로 문명한 지식인에 있는 것이다.

현실론에서 인식하라.

- **첫째 단군은 누구인가?**

 뜻밖에 현대지식인이 깨닫지 못한 인류의 삶의 가치는 이미 수천년 전에 한국의 단군이 고민한 결과로서 고대조선을 비문명사회라는 인식은 오판임을 알게 되었다. 단군의 농경사회야말로 바로 인류의 삶을 보전하는 희망이었다. 단군은 중국 문명으로부터 영향을 최소화하고 조선민의 안전을 위해 중간자적 중도인물인 기자에게 나라를 맡기고 은둔해서 문명주의에 대응할 활로(活路)를 고민했고 오랜 사유 끝에 자연회귀와 농경사회 구축이라는 삶을 선택했다. 조선민은 많은 전쟁과 참화를 견뎌야 했고 지진, 해일, 태풍, 폭한 폭염 등 재해 재난을 대비해 생존한 지혜를 터득 농경 터전을 지켜내었다. 이미 기원전에 문명권의 영향력에 대비한 조선민 생존역사는 바로 인류보전의 숙제가 아닐까?

- **둘째, 광개토태왕의 꿈은 무엇이었나?**

 광개토태왕 석비문에 태왕은 끊임없이 토벌을 감행하는데 태왕의 전쟁은 정복전쟁이 아니었다. 형제국간의 전쟁을 차단하고 욕망의 군주를 제어하는 국제적 경찰토벌전이였다. 침략자를 응징하고 참살하는 잔혹함도 있으나 관병으로서 당연한 경찰 임무였다.

　광개토태왕의 전쟁은 토벌전쟁이었다는 점과 욕망 군주를 제어해 종족과 나라를 보전하려는 기본 입장을 지키려 했다는 것. 고대사회 아시아에 국제적 경찰 개념의 공동체를 운영했다는 것은 인류사에 세계사적으로 의미 있는 개념이라 할 것이다. 광개토태왕은 동족을 통일할 능력이 있었으나 조국의 유훈을 지키려 하였고 형제국간의 터전 지키기였고 인류보전을 위한 도덕성 실천의 정치가 아닐까 사료된다. 위의 두 가지 과제는 한국민이 발전시켜 세계사 및 세계인류사에 조명하고 인류에게 공헌할 방법을 찾아 전개할 의무가 한국인의 두 가지 숙제다.

● **학자의 정직한 양심이 요구된다.**

　고대사를 찾아가기 위해 자료를 찾으니 있어야 곳은 연구서가 없고 특정 관심사에만 폭풍 같은 연구서를 쏟아낸다. 전국에 수천의 석비들이 있음에도 제대로 해석한 역사가가 있었는가? 광개토태왕 석비도 일본 논문에서 베껴 쓴 것이 대부분인 점으로 봐서 반성할 일이다. 2013년 초에 신고구려비가 발견 되었다고 보도가 있었으나 결국 스스로 해석이 불가하다는 고백을 감추고 〈한·중 공동연구〉를 제안한 얄팍한 심성을 들어낸 학자들의 보고서를 보고 경악하였다. 이럴 수는 없다. 한문권 한국이 석비를 읽어

내지 못하는 역사학자들의 보고서는 속내를 뒤집어보면 자기 실력이 없다는 뜻이다. 또 연구비를 독점하려는 특정 단체의 횡포도 있다. 고려대학교에서 있었던 학술 발표에 청중으로 가서 「신발견 고구려 비석」의 뒷면에 글이 있는가 라고 질문하려고 했으나 나의 질문을 봉쇄하였다. 주최측은 개인의 접근을 막았다. 결국 주최측은 「한·중 공동 연구」로 결정했고 국민과 전국의 학자들로부터 연구 대상은 따돌렸고, 한국의 한문학자와 사학자를 바보로 만들었다. 나는 글을 잘 쓰는 학자가 아니며 현대식 논술을 공부해 본 일도 없는 옛날식의 한문학자지만 해석서는 순수한 나의 실력이며 남에게 손을 빌려 쓰지 않는 것은 나의 글에 대해 책임진다는 뜻이다. 가능한 한 인용문을 함부로 끌어다 쓰지 않으려 하는데 그 이유는 사유하는 습관을 잃지 않으려는 것이다.

문제를 어떻게 파생할 것인가?

서구 지식을 학습한 시기가 벌써 130년 세월이 넘었다. 시간은 130년이나 가버렸는데도 한국은 세계사에 편입되지 않았고 한국의 사상을 설명하지 못하고 있다. 나는 광개토태왕 석비문을 해석하면서 단군을 추적했지만 아직까지 사유적 개념밖에 더 진전이 없다. 다행히 광개토태왕 석비문은 실존의 역사물이라서 증거가 있고 증명이 되는데 단군은 공자의 술회를 가지고 사유한 철학개념이다. 다만 역사가들이 단군의 실체를 증명할 자료를 찾아낸다면 나의 사유적 단군 보고서는 철회해야 한다. 그러나 역사가가 단군을 찾아 증명하지 못하면 나의 보고서는 계속 유효하다고 할 것이다. 그리고 광개토태왕 석비문은 현재까지 보고된 글은 일본학자가 관여하여 본래의 뜻이 왜곡되었으며 왜곡된 원인을 분석하면

첫째, 한국을 모르는 학자의 날조와 조작 보고서의 탓이고

둘째, 문장 해석상의 오류와 오판이 결정적 결과로 확인하였다.

셋째, 한국 학자 연구서는 일본 학자의 보고서를 재해석한 반박적 서술에 불과해서 혼란만 키웠고

넷째, 일본 학자들도 최초의 접근은 만주인 문사로부터

설명을 들은 바탕에서 시작되었다는 점

다섯째, 중국의 학자도 비문의 개념을 확실히 알지 못했으며 일본의 초청을 받고 간 것도 공작적 선전에 이용당했다.

여섯째, 가장 큰 실수는 광개토태왕을 오판했다.

나의 연구서는 위에 예시한 여섯까지 오류의 원인을 한자 한자씩 본문을 짚어가면서 설명할 것이다. 보고서는 역사학자들의 수고를 뺏지 않으려 노력했고 증명은 학자들이 하도록 본문 완역에만 충실하기로 했다. 가능한 한 직역을 했고 의역은 부득이 한 때에만 했다. 단 직역과 의역은 비교할 수 있게 정해하여 쉽게 알도록 배려했다. 해석문에서 의역하지 않는 것은 자칫 뜻이 왜곡될 수 있기 때문인데 일본학자들은 대부분 의역문을 나열하는 까닭에는 본 뜻을 왜곡하려는 문장의 논법을 악용한 사례며, 한국의 학자들도 반박문을 쓰기 위해 같은 방법을 썼다. 결과적으로 한일 학자들은 스스로 함정에 빠졌던 것이다. 나의 정해를 탐독한다면 오류와 오판 부분을 납득할 것이다. 지금까지의 글은 모두 〈서언〉이다.

참고 : 광개토태왕인가? 광개토대왕인가?
　　시호 : 〈國剛上廣開土境平安好太王〉이다. 약칭은 〈광개토호태왕〉 또는 〈태왕〉 또, 정탁본에는 永樂太王이고, 석독문은 太王이다. 정탁본대로 〈太王〉으로 기록해야 할 것이고 〈능비〉는 능의 설명인데 능에 대한 구체적 설명이 없으므로 〈석비문〉이라 해야 옳을 것이다. (저자)

광개토태왕의 파생적 인식

광개토태왕 석비문을 분석해보면 세계 지식계에 보고되어야 할 부분이 있다. 광개토태왕은 관병(官兵)을 조직하였다. 이것은 국제 경찰 제도로 확인된다. 비석문의 전체 문장은 대부분 토벌전이다. 토벌전은 국가 간의 입장에서는 전쟁인데도 비석문에는 토벌이라고 기록했으며 대왕의 군사는 관병 즉 경찰 토벌군으로 출병한다.

그 사례로 비려의 토벌전은 비려가 조공을 하지 않고 조선민의 땅을 차지해 있으므로 토벌하였다. 비려의 왕까지 죽여 군영과 막사를 완전히 몰수하고 우마와 군양(群羊)을 노획한다. 이것은 대왕과 맺은 조공약속의 파기가 초래한 결과다. 또 백잔이 왜구를 앞세워 신라와 가야(안라)를 침공 했을 때 대왕의 군사는 관병으로 토벌한다. 비문의 토벌기록은 상대국가들이 약속을 지키지 않을 때만 출병하였고 대왕은 생전에 남의 영역과 영토를 정복하는 기록은 찾아볼 수 없다. 다른 연구자들의 보고서에는 대왕을 영토 정복자로 보고하지만 일본학자들의 보고서에 따라간 오판이다. 광개토태왕의 시대, 신라, 백제, 가야, 부여, 고구려 등은 천제국의 후예로서 형제국인데도 싸움이 자주 벌어졌다. 대왕은 구민들의 종족과 형제국끼리 화평한 관계를 유지하기 위해 많은 고심 끝에 경찰제도를 생각했고 관병은 신라의 요청으로부터 시작된 제도가 아닐까 판단된다.

대왕은 잃어버린 고대조선시대의 영토를 찾아내는 방법으로 무덤을 확인하는데 조선민의 무덤 형식일 때는 조선민을 찾아내어 내력을 확인하고, 수묘자를 선발하여 관리를 하게 했고 타민족이나 종족들이 허가받지 않고 차지해 있을 때는 조선의 영역임을 경고하고 거취를 확실하게 했다. 대왕은 종족 성향을 강하게 따졌고 특히 신라를 우대하였다 신라가 외침을 겪을 때는 언제든지 출병하였고 백잔이 신라를 쳐서 신민으로 삼으려 할 때도 5만의 군사를 보내 구원한다. 신라는 어떤 위치라서 우대했을까? 여기는 조선민 다섯 국가 중에 신라가 장자국이 였을 것이라는 추측이 나온다. 왜냐하면 비문의 내용상으로 봐서 다섯 나라 중에 신라는 대왕으로부터 제어 당하지 않으며 경고를 받지 않았다. 그것은 바로 서열상 장자는 어버이와 같기 때문이다. 〈신발견 고구려비(2013년)에도 장자 중심이 나옴〉

흔히 형제가 많은 가족을 볼 때 똑똑하고 건방진 동생들이 바보 같은 장형을 괴롭히기도 하는데 의리가 있고 질서를 잡는 둘째, 셋째들이 나서서 교통을 정리하듯 신라를 괴롭히는 백잔을 번번히 광개토태왕이 나서서 백잔을 제어한다. 후일에 신라가 민족을 한데 모으는 통일을 하지만 신라가 강성하게 되는 데는 광개토태왕의 비호가 있었다.

서열상에는 민족의 종족번창에도 영향이 있는데 현재 한국의 김씨, 이씨, 박씨, 최씨 등은 다 신라계열의 종족이며 번창율도 가장 높다.

- 광개토태왕의 철학

> 광개토태왕의 재위기간은 21년간, 39세의 짧은 생애를 살다 갔으나 그의 철학과 역사관은 인류사에서 찾아보기 힘든 업적을 남겼다. 그것이 종족보전과 나라의 보전을 위한 제도적으로 경찰국 관병(官兵)을 창설하여 군주의 욕망을 제어하는 데는 성공한 사례다. 3세기에 조선민족에게 있었던 세계사적 업적이며 국가와 민족, 종족을 보전해 줄 수 있는 수단이 된다는 점에서 공헌도를 생각해 볼 일이며 내가 보고 하려는 것도 바로 평화론자들에게는 훌륭한 자료로 표본이 될 것이다.

단군 철학의 파생적 인식

단군의 천제국은 강대한 문명국에 대응할 생존수단을 찾아야 했다. 기자에게 나라를 맡기고 은둔한 단군은 종족보전을 생각하고 인류의 보편적 가치를 찾기 위해 은둔하였다. 그의 결론은 사람은 자연으로의 회귀였고 농경사회 프로그램을 얻은 것 같다. 기자는 중도적 인물로서 문명국 등장에 대응할 수단을 찾지 못 했으며 오히려 책사들의 권유로 권력 강화와 세력권 확장으로 국제정세에 적응하려 했다.

- **불멸의 종족**

기자조선은 중국 문명에 흡수되는 위기에서 조선 영역에는 유민들의 세력이 성장하였고 오히려 중국에 도전하고 위협하는 전혀 예측 못한 상황으로 전개되었다. 기자조선에는 또 다른 조선이 있었다는 추측을 하게 된 여러 사건들이 발생하는데 모두 조선영역에서 많은 세력들이 생겼기 때문이다. 목축과 농경으로 자유롭게 살던 종족들은 누구나 천제국의 자손이라 했고 기울어가는 기자조선영역을 부분적으로 점령했고 많은 종족들이 다시 등장하고 제기한다. 그들은 다 누구일까? 바로 단군의 후예와 백성들 그리고 유민들이다.

중국의 〈은〉시대까지는 대등한 입장이었던 기자조선은

주(周)와 한(漢)시대에 와서 더욱 강성해지고 조선은 날로 세력을 잃으니 조선의 책사들은 조선을 중국에 바치려는 획책을 공모하기도 했다. 그러나 책사 중에는 조선민을 회유하여 스스로 왕이 되려는 자가 있었고 실제로 반역자도 많았다. 결국 조선의 말기는 뜻 밖에도 단군의 종족들은 여러 형태로 출현하며, 건국을 하거나 집단을 이루어 이합집산하거나 활기차게 등장하므로 북방의 조선에 대해 중국은 경악했다. 결국 중국은 그들과 조선 영역 사이에 성을 쌓기 시작했고 그들의 문명에 흡수 당하지 않는 조선민을 경계하게 된다.

● **문명주의에 대해**

중국은 문자문명을 가지고 정신문명의 우월성을 선전했고 출세하려는 자들은 빠져들었다. 책사들의 탁월한 지략과 음모능력은 이웃 국가를 파멸시키는 전문가들이며 전문가를 양성하는 기관도 운영했다. 그들의 전쟁 술은 세계적이며 전술전략의 서책은 아직도 읽혀지는 최고의 인기 서적이며, 교묘하게도 시(詩)와 편지, 산문 속에도 그들의 전략을 실어 확산시켰다. 그들이 즐겨 사용하는 전략은 내분을 일으켜 이웃 국가끼리 싸우게 해서 힘이 약해졌을 때 그들을 쉽게 접수하는 방법이다. 그것이 이이제이(以夷制夷)다.

중국은 〈훈고학〉을 발달시켜 환상적 관념을 문장에 실어 사람들을 현혹하는 기술이 있었다. 실제로 공자도 천자는 유일무이한 존재라고 표현 국가를 초월하는 존재로 격상하였고 천자 이외는 모두 신하라 하였다. 바보 같은 천자도 포악한 천자도 세상으로부터 그를 넘을 수 없다. 이처럼 중국은 통제정치기술을 가지고 중앙정부를 구축하는데 성공한 나라다.

● **소통정치를 했다.**

단군의 천제국은 삼한조선(三韓朝鮮)이라는 국호에서 설명하듯 중앙정부로 집중시키는 체제가 아니다. 좌우, 동서, 남북 전 영역을 소통시키는 기구역할을 뜻한다. 삼한조선은 통제 국가가 아니며, 소통하는 작은 정부의 큰 움직임을 가지고 있어서 통제국가 입장에서는 반(反)하는 대상이었다. 옛 조선의 정치체제가 소통정치였다는 것을 신라의 원효대사가 발견했고 통일신라의 혼란은 바로 소통부재에 있다고 진단, 왕실은 삼국 유민과 신라 백성이 총섭 또는 통섭하도록 권하였다.

중국천자는 접근하기 어려운 위치에 있으니 조선의 단군은 바로 내 곁에 있는 어버이와 같아서 중국조정에서는 조선의 국왕을 권위가 없다하고 제후로 격하했던 것이다. 그러나 중국은 수천 년 동안 거대한 중국만 존재할 뿐 천자는 백성의 기억에 없다. 반면에 조선의 조정은 어디 있는지 조차 모르는데 임금에 대한 신뢰가 깊었기 때문에 종족 보전이 가능했다. 조선의 임금은 거대한 자연 같아서 언제나 가까이 있는 존재자와 같다. 그러므로 천제님이라 했고 한국인들이 산과 들을 찾아가는 데는 평안한 대상이 그곳에 있기 때문이다.

중국이 문자 문명을 가지고 정신적 가치가 더 높다고 주장할 때 한국의 임금은 문명을 버리고 천기에 따라 터전을 일으키고 씨를 뿌려야 태양과 바람이 생명을 보전하고 결실을 주게 되니 천기의 때를 잃지 말라하였고 수확의 기쁨을 즐기라 하였던 것이다. 누구나 이와 같이 힘써 일을 해야 하는데 책 읽는 일에 세월을 다 보내고 농부가 땀 흘려 수확한 곡식을 빼앗아 먹으려는 문명은 도둑과 다름없다 했던 것이다. 그러므로 중국은 문명을 가지고 수천 년을 빼앗아 먹는 일에 능했고 조선은 수천 년을 농경 정착에 힘썼다. 결과적으로 중국은 많은 종족을 흡수하여 손아귀에 넣는 일에 성공했으나 오직 북쪽의 천제국만은 그들의 손아귀에 넣지 못하였다. 조선이 문명국처럼 전쟁에 혈안이 되었다면 살아남지 못했을 것이다. 중국 같은 싸움꾼을 상대할 수가 없었을 것인데도 아직 종족보전이 되고 있는 까닭도 모두 그들과 다른 삶을 살았기 때문일 것이다.

학자들은 아시아권에서 누가 인류의 가치를 알고 운영을 했는지에 대해 연구되어야 하며 미래 아시아를 위해서 인류 보편적 삶의 기준을 찾아야 할 것이다.

한국의 미래 가치는 무엇을 가지고 창조하고 인류에 공헌할 것인가. 또 미래 한국사상은 무엇으로 조명할 것인가? 세계지식인에게 묻고 싶은 것은 '미래인류보전에 대한 확신과 대안이 있는가?' 이다.

현대사조가 갈 데까지 갔는지 「포스트모더니즘」이 등장하여 인간을 희롱하고 있다.

포스트모더니즘에 인류의 안전과 보전을 담보한다는 글귀는 찾지 못하였다. "아직 우리는 살아있지 않는가?" 라고 주술적 변명은 누구를 위한 논리인가?

참조자료

〈신채호 선생의 석비문 평(부분)〉 (참조 1)

廣開土王碑文 (西紀三九二年)　　長壽王

顧命世子儒留王。以道輿治。大朱留王。紹承基業。傳至十七世孫國罡上廣開土境平安好大王。二九登祚。號爲永樂大王。恩澤洽於皇天。威武拂被四海。掃除九夷。庶寧其業。國富民殷。五穀豐熟。昊天不吊。世有九。晏駕棄國。以甲寅年九月二十九日乙酉遷就山陵。於是。立碑銘。記勳績。以永後世焉。其詞曰昔永樂五年。歲在乙未。王以碑麗不貢。整旅躬率往討。過富山。負山。至鹽水上。破其上部落六七百。獲牛馬羣羊。不可稱數。於是旋駕。因過葢平道東來。即自力城北豐。王獲旗。遊觀土境。而還。百殘新羅。舊是屬民。由來朝貢。而倭以辛卯年來。渡海。破百殘新羅。以爲臣民。以六年丙申。王躬率水軍。討利殘國。以到首攻。取百八城。臼模盧城。若模盧城。○餘幹弓利城。○利城。○閣彌城。○牟盧城。○彌沙城。○古舍蔦城。○阿且城。○古利城。○困草城

〈조소앙 선생의 토점(•)을 넣어 해독한 석비문〉 (참조 2)

天帝之子母河伯女郞剖卵降出生子有聖(缺五字)命駕巡(缺一字)南
路由夫餘奄利大水王臨津言曰我是皇天之子母河伯女郞鄒牟
王爲我連葭浮龜應(缺一字)卽爲連葭浮龜然後造渡於沸流谷忽本
西城山上而建都焉永樂(缺一字)位因遣黃龍來下迎王王於忽
本東罡(缺一字)黃龍負昇天顧命世子儒留王以道興治大朱留
王紹承基業(缺一字)至十七世孫國罡上廣開土境平安好太王
(缺二字)二九登祚號爲永樂太王恩澤(缺一字)于皇天威武權被四海掃
除(缺二字)庶寧其業國富民殷五穀豊熟昊天不吊三十有九晏駕棄
國以甲寅年九月二十九日乙酉遷就山陵於是立碑銘紀勳績以
永後世焉其(缺一字)日(缺二字)永樂五年歲在乙未王以碑麗不息(缺一字)

〈홍문관 찬집청 증보 문헌비고의 석비문 부분〉 (참조 3)

乙酉遷就山陵於是立碑銘記勳績以示後世焉其詞曰昔
祖永樂五年歲在乙未王以碑麗不貢整旅躬率往討過富
山負碑至鹽水上破其上部落六七百獲牛馬羣羊不可稱
數於是旋駕因過平道東來即自力城北還王獲旗遊覩
土境困獵而還百濟新羅舊是屬民由來朝貢而倭以辛卯
年來渡海破百濟隨破新羅以爲臣民以六年丙申王躬率
水軍討利殘國軍以到首攻取一百八城白模盧城若模盧

〈창강 김택영 선생의 석비 해독문〉 (참조 4)

다른 편으로 신묘년조 기사의 주어를 고구려(왕)로 보는 견해는 주로 조선측 학자들의 견해이다. 신묘년조 기사를 고구려를 주격으로 해석하는 데서도《도해파》에서 문장을 끊고 그 다음 부분은 백제가 왜와 통하여 신라에 불리한 짓을 하였기 때문에 광개토왕은 자기 신민을 위하여 6년에 출병한 것으로 리해하는 설(정인보)과 백제가 신라를 침공하여 자기 신민으로 삼았다는 설(박시형)로 갈라진다. 고구려를 주격으로 놓으면서도 고구려가 백제, 신라 등을 공파하여 자기 신민으로 삼았다고 보는 설(김석형 〈제1설〉, 사헤끼 아리끼요) 또는 고구려가 백제를 치고 신라를 어떻게 하여 신민으로 삼았다는 설(김석형 〈제2설〉)이 있다. 이상의 설들은 다 I 9/13을《海》로 읽고 I 9/17~18을《임나(任那)》,《협항(脅降)》,《련침(聯侵)》,《초왜(招倭)》 등으로 읽은 결과라고 할 수 있다.*

* 정인보 :《담원문록》(薝園文錄) 권 3, 1967년, 252페지
  박시형 : 전게서, 166페지
  김석형 : 전게서, 297페지 및《초기 조일관계사》사회과학출판사, 주체 75(1986)년, 22~23페지

〈북한 해석문 부분〉(참조 5)

2012년 2월 서울 역사박물관 학술발표 (사회 박성수 원로교수)

고대사 보고서

광개토태왕 석비정해본
廣開土太王 石碑正解本

懸吐 · 正解 金 德 重

2013년 12월
대한민국 서울

광개토태왕 석비정해본
(廣開土太王 石碑正解本)

4

1. 건국편(建國編)
2. 영락태왕편(永樂太王編)
3. 조공편(朝貢編)
4. 백잔토벌편(百殘討伐編)
5. 토곡편(土谷編)
6. 백잔위서편(百殘違誓編)
7. 왕구신라편(往救新羅編)
8. 왜불궤편(倭不軌編)
9. 정소왜구편(淨掃倭寇編)
10. 동부여편(東扶餘編)
11. 수묘인편(守墓人編)
12. 장수대왕의 유훈편(好太王存時言教編)

1. 건국편(建國編)

> 본문1 ○ 惟昔始祖하므로 鄒牟王之創基也라.
> [정해] 예로부터 선조들의 비롯함이 한결 같아서 추모왕은 그 곳에 나라를 세우게 되었노라.

○ 본문마다 일련의 번호를 부여했다. (참고용)
○ 본문에 토를 달아 이해하도록 도움
○ 본문 정해는 직역이다. 연구자를 위한 배려다.
○ 부족한 부분은 고쳐갈 것이니 이해를 구한다. (저자)

〈석비문을 어떻게 접근할 것인가?〉

[문장개요] 고구려는 소수림왕대에 태학(太學)을 설치해, 전문학자를 양성한다. 중국으로부터 경서를 수입. 국제적 안목을 열도록 했고, 태학자들은 한문과 토속문을 합체해 문장을 지었고, 국가 문서도 태학사관들이 정리했을 것인데, 현재 그 자료 찾기가 어렵다. 오직 〈광개토태왕 석비문〉에서 글맛을 느껴야 할 것 같다. 태학문은 주제어는 조선의 사문(詞文)이고 서술문은 중국식 서술 문법을 차용했는데 중국의 글이 관념적이고 운과 율 때문에 조선민의 발음과 호흡에 맞지 않아 서술문만 차용해 썼다. 고구려의 태학자들은 중국 경서를 즐겨 읽어 중국의 문장을 소화할

능력이 있지만 중국인들은 고구려의 태학문을 읽지 못했다. 바로 관념성과 운율을 없애버린 사실적 문장이라서 그들의 호흡에 맞지 않기 때문이다.

  130년 전, 1882년경에 중국 문사가 〈태왕의 석비〉를 어루만지기만 했고 문장을 읽을 수 없었으나 만주인 문사가 읽어낸 것으로 봐서 만주인 문사들은 옛 조선의 사문, 바로 태학문을 알고 있었다는 증거다. 한문학자들이 송사(宋詞)를 읽는 정도라면 조선의 사문(詞文)은 접근할 수 있다. 그러나 송사는 운과 율이 까다롭게 요구하는 부분이 있어서 불편하고 조선사문을 읽으려면 관념성과 운율을 빼고 읽을 때는 접근이 된다. 즉 글맛은 운율이 있으면 중국의 글이고 운율을 빼면 조선의 사실문으로 판단하면 이해에 도움이 될 것이다. 〈소동파〉선생이 북방지역을 여행하고 경악하는데 바로 북방인의 글이 자연의 글이자 사실문이어서 군더더기와 관념성을 없애버린 정직한 글맛에 반했던 것이다. 후일에 소동파는 북방식의 글맛을 차용하여 소동파의 서사시를 만들 수 있었고 사실적인 산문을 유행시켰다.

[용어설명] 〈광개토태왕 능비〉라고 전해져 더 유명하지만 실제로 따지면 〈광개토태왕 석비〉다. 능비라 할 때는 광개토태왕의 능의 내력을 설명해야 하는데 태왕의 능은 아직

실체를 드러내지 않았다. 그러므로 문장해석에서 볼 때 태왕의 능과 석비는 장소가 따로 떨어져 있음이 확실해서 〈광개토태왕 석비〉이다. 또 보고서는 〈석비문정해 : 石碑文正解〉로 글을 써 간행된다. 앞에서 설명했듯이 석비문 해석은 130년 만에 〈진짜〉가 나오게 되었고 조선식 사문과 〈태학문장법〉에 따라 해석했다. 학자들이 〈광개토태왕 석비문〉은 "영원히 해석되지 않는 것이라" 포기했고, "일본측 학자들이 이미 해석했으니 연구는 끝난 것이다" 라고 연구자의 기운을 빼버리기도 했다. 그러나 일본 측에서 한국민의 심성을 분열시키려 공작차원의 선전에 우리 학자들이 속았다. 이처럼 일본 측 학자들은 그들의 위증이 탄로 날 것을 알고 있었고 그것이 130년 만에 비로소 다 드러났으니 한국 역사학계는 고대사로 한걸음 더 나갈 수 있게 된 것에 대해 자각할 전환기라 생각된다.

해석이 안 되는 문장은 없다. 문맥을 짚으면 이력이 생겨 한문 해석은 쉽다.

〈석비문의 문장개념〉

석비문은 1600년전에 만든 글이지만 사실적 표현의 문장이어서 현실감이 넘친다. 놀라운 것은 건국시조 추모왕이나 광개토태왕을 현실에 있는 듯이 표현했고 문장 전체가 겸양하고 뚝심이 있는 문장이다.

저자는 추모왕과 광개토태왕을 흡사 하늘의 뜻과 같은 자로 표현하면서도 인간적인 겸양한 인물로 묘사했다. 서로 닮은 인품을 각인시켰고 철학도 닮았다고 표현했다. 훌륭한 문장은 묘사할 인물을 현실에 등장시키듯 저자는 인물과 1600년 전의 시대를 잘 묘사했고 설명했다. 문장저자는 겸양하고 뚝심 있게 표현했고 석비문을 쓴 서예가도 석질을 간파하여 다양한 서체로 쓴 능필이다. 문장가나 서예가조차도 두 대왕의 인품과 인물, 문장, 서체, 비석 형상까지 일치시킨 명품이다. 이러한 명품은 신품(神品)이라 하듯 장수대왕의 안목을 짐작하게 한다. 다만 부족하다면 해석자의 문장 실력이 부족해서 독자에게 죄송하다.

정해문해설

① 惟昔始祖(유석시조) 「예로부터 선조들의 비롯함이 한결같아서」는 추모왕이 어느 날 혜성같이 나타난 인물이 아니라 선조들의 뜻을 받들어 옛 조국을 회복하겠다는 유훈이 있었음을 겸양하게 표현 했다. 따라서 〈유석시조〉는 유훈이 있었다는 의미사다. 그러므로 서술어로 해석해야한다.

② 趨牟王之創基也(추모왕지 창기야)

추모왕은 그곳(之)에 나라를 세웠다.(創基也)

추모왕을 바로 「시조」라고 하면 〈창기〉의 뜻이 새롭

지 않게 되어 〈시조〉를 서술어로 돌려도 〈창기〉가 건국시조의 의미가 다 들어있으니 굳이 신화처럼 〈옛날 시조께서 나라를 세웠다〉라고 해버리면 관념적 이야기가 된다.

③ 之(지), 그곳, 그곳에, 之는 어조사가 아니며 사실문에서는 대명사다. 그래서 〈그곳에 나라를 세웠노라〉가 된다.

④ 추모왕(趨牟王) BC 37~BC 19, 고구려 건국시조. 고주몽(高朱夢), 동명왕. 동명성왕.

⑤ 건국편(建國編)은 필자가 해석상 문장을 재편집 분류하면서 설정한 제목들이다. (본문참조)

본문2 ○ 出自 北扶餘였으나 天帝之子니라

[정해] 자신은 북부여에서 태어났으나 본래는 천제국의 자손이다.

본문3 ○ 母河伯女이며 卽剖卵降하시고 出生子터니 有聖德이더라.

[정해] 어머니는 하백의 여식이라 바로 하늘에서 알을 내려주셔서 가르고 나오니 아들 이였고 임금의 덕을 지니고 있었다.

용어설명

① 출자(出自) : 추모왕. 자신은 ~에 태어남.

② 북부여(北扶餘) : 추모왕이 태어난 금와왕의 나라를 일본측 학자들은 삼국의 시조국가로 격상시켜 고대 조선의 존재를 없애려는 음모다.
③ 천제지자(天帝之子) : 천제국의 자손. 천제국의 왕자로 표현할 수 없으며 단 북부여의 왕자라는 표현은 가능하다.
④ 모하백녀(母河伯女) : 어머니는 하백의 딸, 중국신화에도 〈하백〉이 나오는데 중국의 신화와 조선민이 말하는 〈하백〉은 누가 진실인지는 역사가들이 규명할 일이다.
⑤ 즉부난강출생자(卽剖卵降出生子) : 바로 하늘에서 점지해 내려준 알을 가르니 아들이 태어났다.
⑥ 유성덕(有聖德) : 임금의 덕성을 가지고 있음

[보충설명] 추모왕은 북부여에서 태어났으나 본래는 천제국의 자손이며 어머니는 하백〈河伯〉의 딸이다. 바로 하늘이 점지하여 알을 내려주셨고 그 〈알〉을 가르니 아들이 태어났다. 〈아들〉은 임금의 성품을 가지고 있었다.

옛 조선은 〈천제의 나라〉 또는 〈천제국〉이라는 별칭이 있었고 단군을 〈천제님〉이라 불렀다. 〈천제님〉은 아직도 우리나라 무속계에는 예사롭게 쓰는 용어다. 옛 조선이 사라지자 많은 조선의 후예들이 나라를 세우려했고 그 수장들 중에는 〈천제님〉이라 부르기도 했다. 〈부여의 금와〉도 천제님이라 하였다 하는데 이 경우는 모두 천제의 후예라는 뜻이다.

추모왕은 북부여의 왕자로 태어났으나 성장하면서 본래의 조국은 따로 있음을 알았고 그 조국이 바로 조선의 〈천제〉의 나라였다. 마치 내가 서울에 태어났어도 본관이 〈안동〉 김 씨이고 시조는 〈경주 김씨〉, 경주의 김 씨는 옛 조선국의 사람이다. 이처럼 전개하면 추모왕의 조국은 옛〈조선〉이라고 추적이 된다.

본문4 ○ 鄒牟王 奉母命駕하고 巡卽南下니라.

[정해] 추모왕은 어머니를 모셨고 천명(天命)을 지고 떠나니 남쪽이더라.

[용어설명]

① 봉모명가(奉母命駕) : 어머니를 모시고 천명을 짊어짐
② 순즉(巡卽) : 떠난 즉. 떠남. 떠나게 된 즉. 바로 떠남

[보충설명] 흔히 "어머니의 명命을 받들어 가마에 태우고 남쪽으로 떠났다" 라고 하는 해석은 관념적이며 추모왕의 의지가 아니다. 이것은 해석상의 잘못이다. 추모왕은 효자였으며 겸양한 인물이다 해석자들은 의지가 없는 추모를 어머니가 비로소 떠나게 했다는 뜻의 해석은 잘못이다. 추모왕의 의지는 확고했으며 "어머니를 모시고 천명을 짊어

지고 떠났다"는 것은 각오한 바가 있다는 뜻이다. 그리고 민족이동의 경로를 따라 역시 "남쪽으로 떠났다" 해야 할 것이다.

본문5 ㅇ 路由扶餘에서 淹利大水라.
[정해] 길은 부여의 엄리대수로 말미암아 머뭇거리므로
본문6 ㅇ 王臨津言曰 我是皇天之子이고 母河伯女 郞鄒牟王이라.
[정해] 왕은 나루에 가서 말하기를 「나는 이곳을 다스리는 (皇) 천제의 자손이고 어머니는 하백의 여식이며 바로 추모왕이다」

용어설명

① 로유부여(路由扶餘) : 가는 길은 부여~로 말미암아
② 엄리대수(淹利大水) : 가로막는 큰 강. 엄리 큰 강물
③ 왕임진언왈(王臨津言曰) : 왕이 나루에 나아가 말씀 하기를
④ 아시황천지자(我是皇天之子) : 나는 이곳을 다스리는 천제국의 자손이다.
⑤ 시(是) : 이곳〈천제의 땅〉황천지자(皇天之子) 이것을 "황천의 아들이다" 라는 해석은 틀렸다. 황천(皇天)이란 있을 수 없다.

[보충설명] 떠나온 길은 부여의 엄리 큰 강을 만나게 되었고 왕은 나루로 나아가서 나는 이곳을 다스리는 천제국의 자손이고 어머니는 큰 강의 신이신 하백의 딸이며 바로 추모왕이다.
※ 흔히 아시 황천지자 (我是皇天之子)를 "나는 황천의 왕자다" 라 해석하면 웃음꺼리다. 황천은 없으며 황천의 왕자도 없다.

본문7 ○ 爲我連筏하니 浮鼈應載오 卽爲連筏浮鼈터니 然後造渡하다.
[정해] 「나는 떼를 타고 건너가야 하니 자라 떼는 나와서 실어다오」 바로 뗏목이 될 자라 떼가 떠올랐으며 그런 뒤에 떼를 지어서 강을 건넜고
본문8 ○ 於沸流谷에 忽本西城山上하고 而建都也라.
[정해] 비류곡 홀본 서쪽으로 산위에 성을 쌓고 도읍을 세우고 살았다.

[용어설명]
① 위아연벌(爲我連筏) : 나는 떼를 타고 가야한다. 위아 (爲我) 나는 ~해야 한다.
② 부별응재(浮鼈應載) : 자라 떼는 나와서 실어다오.
③ 즉위연벌부별(卽爲連筏浮鼈) : 바로 떼가 되어줄 자라가 올라왔고

④ 연후조도(然後造渡) : 그런 뒤 떼를 지어서 강을 건너게 함
⑤ 어비류곡(於沸流谷) : 비류곡에
⑥ 어홀본 서성 산상이 건도야 (於忽本西城山上而建都也) : 홀본 서쪽 산을 따라 성을 쌓고 도읍을 세웠다.
⑦ 어(於) : 살다. 어조사~에, 자동사 : 살다.
- 벌(筏)은 떼(나무). 연벌(連筏)은 나무를 이은 뗏목.
- (鼇). 자라별
- 응재(應載)실어다 다오.
- 조도(造渡) 만들어주어 건너다.

보충설명 나는 떼를 타고 건너가야 한다. 자라여 나와서 실어다 다오. 바로 떼가 되어줄 자라가 떠올랐고 그런 뒤에 도와주어서 (떼를 지어서. 만들어서) 강을 건너게 했다.
  비류곡 홀본에서 서쪽으로 성을 쌓고 도읍을 세웠다.
  여러 학자들은 서성산상(西城山上)을 서성의 산위에, 라고 해석하는 데 서성(西城)이라 할 때는 이미 누구로부터 쌓아놓은 성이라는 뜻이라 오류다. 서쪽으로 산에 성을 쌓았다(山上)라 함. 추모왕은 옛 조선의 새로운 땅을 찾아 떠나왔고 남의 성을 차지해 성을 쌓고 도읍을 세우지 않았다 (추모왕의 인품까지 해석자는 생각해야함). 어(於)는 〈살다〉의 자동사격

※ 이 부분은 논의가 더 있어야 할 것임. 왜냐하면 옛 조선의 영역일 때는 성이 있을 수 있기 때문이다.

[본문9] ○ 永樂世位는 因遣黃龍 來下迎王하여 王於忽本東岡에 黃龍負昇天니라

[정해] 오랫동안 즐기실 세상의 지위를 하늘에서 황룡을 보내 왕을 맞이하라고 내려왔으니 왕은 홀본 동쪽 산등성이에서 황룡에 업혀 승천 하셨다.

[용어설명] 영락세위(永樂世位) 〈영원히 즐기실〉 〈오랫동안 즐기실〉 세위(世位)는 세상의 지위. 천제의 자손이라는 입장에서는 하늘 아래의 세상이라 표현하는데 세상의 최고의 위치는 왕의 자리다.

[보충설명] 일반 해석자는 황룡부승천(黃龍負昇天)을 "황룡을 타고 승천하다" 라는 표현은 살아있는 자가 용을 타고 오르는 모습이다. 여기서는 죽은 추모왕을 용에게 업혀 보내는 광경이다.

본문10 ○ 顧命世子 儒留王에 以道興治하라
[정해] 세자 〈유류왕〉에게 후사를 부탁하고 나라를 잘 다스리는 길은 여론을 따르라 하였다.

본문11 ○ 大朱留王에게 紹承企業하고 傳至十七世孫였다.
[정해] 대주류왕이 나라의 위업을 받아 이었고 잘 전해져 17세손에 이르렀다.

[용어설명]

① 고명세자(顧命世子) : 세자에게 후사를 부탁함

② 유류왕(儒留王) : (유리왕 BC19 ~ AD18)

③ 이도여치(以道興治) : "여론을 잘 듣고 다스려라"

④ 대주류왕(大朱留王)(大武神王 AD18-44) :

⑤ 소승기업(紹承企業) : 나라(企業)의 위업을 이음

⑥ 傳至十七世孫 : 17세손까지 전해짐(傳至)

⑦ 17세손은 17세의 손이다.

  17세는, 16대왕 고국원왕 (331~371),

  18세는, 17대왕 소수림왕 (371~384),

  18세는, 18대왕 고국양왕 (故國壤王 384~391)

  19세는, 19대왕 광개토태왕 (391~413)

[보충설명] 건국편은 추모왕에서 광개토태왕까지 세위가

전해지게 된 내력을 씀. 추모왕의 건국과정과 장자서열을 중요시한 왕위계승을 따라 이어왔으나 소수림왕에게 후사가 없으므로 다음서열인 〈고국양왕〉에게 계승되었다.

해석자의 총평 건국편은 고구려국의 건국과정을 기록하였다.
　건국하기까지는 〈추모왕〉이 성장하면서 자신의 출신배경이 북부여에서 태어났으나 부모의 조국이 옛 조선이고 또, 〈천제국〉임을 알게 된다. 자신에게는 잃어버린 조국을 회복하라는 〈천명〉이 있음을 깨닫고 어머니를 모시고 남하한다. 내려오는 길에 〈엄리〉의 큰 강물이 가로놓여 있었고 대왕은 나루에 가서 위급함을 호소하였고 자라 떼의 도움으로 강을 건너가 〈비류곡〉 졸본에 정착한다. 이곳에서 서쪽으로 산성을 쌓아 외침에 대비했고 도읍을 정해 편하게 살게 되었으나 〈세상의 왕위〉는 짧았다. 추모왕은 BC19년에 생을 마쳤고 졸본 동쪽 산마루에 장지를 마련했고 바로 황룡에 업혀 떠났다.
왕은 생전에 세자 〈유리〉에게 미리 왕위를 물려주었고 (以道) 여론 정치〉를 부탁했다.
고구려도 조선의 〈천제님〉같이 도덕성을 기준으로 하는 유훈을 추모왕은 전했다. 〈以道興治〉. 대무신왕은 유리왕으로부터 국가의 사업을 받아 잘 전해지도록 했고 〈고국원왕〉 17세의 세손 〈광개토태왕〉까지 이르렀다. 해석자들이 17세를 〈소수림왕〉으로 표현했는데 틀린 생각이다. 소수림왕은 왕의 세대 순으로는 17대지만 본문에 세손〈世孫〉이라 했기 때문에 소수림왕의 부왕이신 〈고국원왕〉이 17세가 된다. (도표참고)

〈도표〉

17세 (16대왕) - 고 국 원 왕 (조부)	331~371
18세 (17대왕) - 소 수 림 왕 (무자)	371~384
18세 (18대왕) - 고 국 양 왕 (부)	384~391
19세 (19대왕) - 광개토태왕 (손)	391~413

※ 비문에 〈17세손〉이라 하면 광개토태왕에게는 17세의 할아버지이신 고국원왕이다. 백제의 근초고왕의 아들인 〈근구수〉에게 참살 당했기 때문에 백제 토벌에는 17세의 조부 〈어버이의 적〉에 대한 〈경고〉도 고려했을 것으로 판단한다. 이것은 사건이고 사건은 곧 역사다.

2. 영락태왕편(永樂太王編)

〈광개토태왕의 치세〉

> 본문12 ○ 國剛上하였고 廣開土境하고 平安好太王은 二九登祚하고 號爲永樂太王하다.
>
> [정해] 나라를 금강반석에 올려주신 광개토경 평안 호태왕은 18세에 왕좌에 올랐고 호(號)는 영락(永樂)태왕이다.
>
> 본문13 ○ 恩澤洽於皇天께서 威武拂被四海하여 掃除九夷하니 庶寧其業하고 國富民殷이라.
>
> [정해] 은혜는 넘치도록 베풀고 다스림은 하늘과 같아서 위엄과 무용(武勇)은 온 천하에 떨치고 영향을 끼쳐 구이(九夷)를 잘 정리해 백성의 생업이 편하다 하였고 나라는 부강하고 백성은 번성하였다.

[용어설명] 광개토태왕(375~412. 재위 391~412).

서기 412년에 서거하신 태왕의 시호는 〈國剛上廣開土境 平安好太王〉이다. 그 뜻은 〈나라를 금강반석에 올려주셨고 : 國剛上〉〈문호를 활짝 여시고 : 廣開〉〈영토를 회복하셨으며 : 土境〉 백성을 평안하게 살게 해주시고 : 平安〉 〈정의로우시고 : 好〉〈존경받으신 : 太〉〈왕(王)이시다〉 태자 때의 이름은 담덕 : 談德. 생전의 왕호는 영락태왕(永樂太王)이다. (18세에 왕의 자리에 올랐다.)

[보충설명] 태왕은 어떤 분이셨는가?

태왕의 치세(治世)는 은혜와 덕을 넘치도록 베풀었고. 흡사 하늘님(天帝任)이 다스리듯 했고 인격은 위엄이 있고 용맹해서 사해(四海 : 온 세상)에 널리 알려졌고. 동족(九夷)을 멀리할 종족과 가까이할 종족을 정리하였고 백성의 생업은 평안했고 나라는 크게 번성하였다.

○ 소재구이(掃除九夷) : 〈흔히 아홉 종족을 쓸어버렸다〉라고 해석을 하는데 이 해석은 태왕을 모욕하는 표현이다. 태왕은 먼 종족과 가까운 종족을 가깝고 먼 차례를 정리했다는 뜻이다. 〈석비문〉에 종족의 존재를 표현한 문장이 나오는데 대부분 멸망한 종족의 후손들이 산적으로 숨어 살거나 국경에서 유랑 종족으로 흩어져 사는 현실을 안타깝게 여기며 그들에게 〈도둑질로 먹고 살지 말라〉 했고 군사를 파견하여 살펴보라 하였다. 그러나 도성에 들어와서 살도록 배려했고 〈광개 : 廣開〉 문호를 활짝 열고 누구나 와서 편하게 살게 했으므로 구이(九夷)를 쓸어버렸다는 해석자들의 표현은 광개토태왕의 인품을 포악한 자로 표현했음을 주의할 부분이다.

본문14 ○ 五穀豐熟이라 昊天不弔 卅有九하다. 晏駕棄國하니 以甲寅年 九月二十九日이라 乙酉遷就山陵하고 於是立碑銘記하여 勳蹟以永後世焉하다.

[정해] 오곡이 넉넉히 익어가는 가을, 하늘은 크게 열렸는데 (대왕의) 명줄은 불과 39세 였다. (412년 임자: 任子, 장수왕 1년) 3년상을 마친 기일(忌日)은 갑인년(甲寅年)9월 29일 (414년 장수왕 3년). 427년 평양천도 이후. 을유(乙酉)년 (445년 장수왕 34년)에 능(陵)을 산으로 옮겨 새로 모셨고 이곳에 비를 세워 훈적을 기록하고 새겼다. 생각하건데 후세는 영원히 명심하라 하였다.

[용어설명] 오곡이 넉넉한 가을 하늘은 더없이 넓은데 불과 39세에 대왕의 명(命)이 다한 날(卒年)은 412년 임자년(壬子年)이다. 3년상(喪)을 마친 (晏駕棄國) 기일(忌日)은 갑인년(甲寅年) 9월 29日이다(414). 을유(乙酉)년은 445년이며 능(陵)은 산으로 옮겨 새로 모셨고 이곳(石碑席座)에 비를 세우고 훈적(勳蹟)을 새겨 후세는 명심토록 하였다.

[보충설명] ○ 석비를 세운 해는 (445년) 평양천도 이후다. 광개토태왕의 서거는 412년 이다. 재위 22년 나이는 39세,

임자년 가을이다. 갑인년 9월 29일은 3년상(喪)을 마친 해, 안가기국(晏駕棄國)은 이승에서 3년을 기다렸다가 저승길의 가마를 타고 세상과 하직했다는 뜻. 바로 장수왕 3년이다.

● 삼년상(三年喪)을 모르는 해석자

  3년 상은 고대시대부터 지켜온 풍습임을 확인. 실제 돌아가신 날은 임자년 9월 30일이고 생전의 때를 기일(忌日)로 정한다.

  해설자들은 412년 대왕의 서거년 해를 갑인년 9월 29일이라 오판했고 을유년을 갑인년의 〈을유월〉로 해석하는데 완전 엉터리 계산이다. 해석자들은 〈3년상〉이라는 제도를 망각했고 414년에 능도 옮기고 비석도 세운 것으로 해석하는데 이런 해석의 근거는 어디에서 왔을까? 태왕의 서거한 때로부터 3년은 날짜로 따지면 2년이 되지 않는다. 2년 만에 시신은 백골이 될 수 없는 데 어떻게 태왕의 시신을 또 옮길 수 있는가? 비석도 상중에 할 수 없는 이유가 태왕의 석비를 2년 만에 글을 짓고 쓰고 새겨질 간단한 일이 아니다. 따라서 〈석비〉는 천도 이후 445년(장수왕34) 을유년에 세웠다.

※ 실제로 태왕이 서거한 해는 412년(임자년 9월 30일 장수왕 원년)이다. 고구려 세계표의 연대는 413년에 서거했다고 했는데 연표와 비문의 서거년은 1년의 착오가 있음. (참고)

〈도표〉

서거일	임자년	9월 30일	辛年	412년	장수왕원년
3 년상	갑인년	9월 29일	晏駕棄國	414년	장수왕3년
평양천도	정묘년			427년	장수왕16년
능을옮김 석비세움	을유년	능을 옮기고 비를 세움		445년	장수왕34년

※ 학자들은 을유년의 일을 을유월로 오역하여 문장 혼란을 일으켰다.

광개토태왕 서비 전해 177

3. 조공편(朝貢編)

> 본문15 ㅇ 其詞曰 昔께서 永樂五年 歲在乙未에 王以碑麗 不貢하므로 整旅躬率往討하다. 過富山 負山至 鹽水上에서 破其上 部落六七百하고 獲牛 馬羣羊은 不可稱數니라
>
> [정해] 그 사관이 말하기를 고인께서는 영락5년에 을미년 (乙未) 한해 동안 왕께서 비려가 조공을 하지 않아, 잘 훈련된 군사를 몸소 인솔하여 토벌을 떠났다. 부산을 넘고(過) 부산(負山) 염수상류(上流)에 이 르러 비려(其)의 왕(上)과 부락 6~7백을 파하고 사 로잡은 우마군양(牛馬羣羊)은 헤아릴 수가 없었다.

[용어설명] 기사왈석(其詞曰昔) : 〈사관의 말씀에 고인께 서〉 고구려는 (태학)이 있어서 일찍부터 국가의 일을 기록 하는 담당이 있었다. 고대 조선은 〈신지〉가 바로 사관이라 했다.

其詞 : 그 기록자, 그 사관.

석(昔) : 고인. 돌아가신 분의 높임말.

ㅇ 과부산부산지염수상 (過富山負山至鹽水上) 過 : 지날과 는 이 문장에서는 〈넘고〉라 해야한다.

○ 부산을 넘어가 부산 염수상류에 이르러.
　　파기상부락육칠백(破其上部落六七百) : 其上은 비려의 왕.
○ 〈비려의왕과 부락 6·7백을 파(破)하고〉, 곧 비려의 왕을 죽였다는 뜻

　　토벌 원정길에 왕을 항복시켜야만 진정한 승리다. 그러나 비려왕은 대왕에게 죽었고 부락 6·700을 모조리 파괴했다. 다만 소, 말, 양떼를 노획한 것은 귀국길에 나누어 준다.

[잘못된 해석의 사례] 또〈破其三 部落六七百獲牛馬群羊不可稱數〉를 다음과 같이 해석하는 자가 있다. 〈세 부락과 6·7백 군막과 우마군양을 파하였고 그 수는 헤아릴 수 없었다〉, 그럴 듯 하지만 이와 같은 해석은 소설이다. 三의 것은 丘라고 석독하기도 했는데 전체 문맥을 보지 못한 탓이다. 원정길에 나선 대왕이 겨우 부락 세 곳을 치려고 갔을까? 그리고 〈우마군양 : 牛馬群羊〉이 무슨 죄가 있어 다 때려 죽인단 말인가? 토벌 대상이 〈비려 : 碑麗〉이기 때문에 其上은 그 나라의 왕 곧 비려의 왕이다. 이 부분은 단재 선생도 해석을 잘못하였고 위증하였다.

본문16 ○ 於是旋駕 因過穹平道하고 東來 自力城하여 北
　　　　豊王獲旗하고 遊觀土境고 困獼而還하다.

[정해] 여기에서 가마를 돌렸고 옛 터전(因)이였던 궁평을
　　　둘러보고 동쪽 자력성 북풍에 와서 왕은 깃발을 거두
　　　고 국경에서 숨어사는 유랑민의 형편을 두루 살피고
　　　돌아왔다.

[용어설명] 궁평(穹平·穹坪) 단군이 은둔한 곳 옛 터전
유관토경 곤훼이환(遊觀土境 困獼而還)
　○ 국경에서 눈치를 살피며 숨어사는 형편을 두루 살피고
(遊觀) 돌아오다(而還)

[보충설명] 광개토태왕은 재위 5년째 을미년 한 해 동안은
비려를 토벌하고 노획한 우마 군양 떼를 국경에서 어렵게
살고 있는 유랑민들에게 나누어 주고 돌아온다는 비려토
벌편은 나라를 잃고 헤매는 유민의 실상을 설명해준다. 이
로써 태왕은 국경을 열고 누구나 고구려 땅에서 편하게 살
도록 배려했고 문호를 활짝 열었다.

본문17 ○ 百殘 新羅는 舊是屬民이라 由來朝貢하니 而倭
　　　以辛卯에 年來渡海하더라.

정해 백잔과 신라는 예전부터 이곳에 살던 권속과 동족
　　　이니 전통적으로 조공을 거래하였고 왜는 신묘년
　　　부터 해마다 바다를 건너 조공을 가지고 왔다.

용어설명

① 백잔(百殘) : 흔히 백제의 잔적. 잔재라고 하는데 틀린 해석이다. 백잔은 새벽별의 뜻이다. 새벽별은 작은 별들이 사라지고 큰 별들만 남는다. 마지막에 금성(샛별)이 해가 뜰 무렵 사라진다.

② 신라(新羅)는 새로운 땅에 무덤을 이장함인데 신라는 옛 조선의 중요인물을 어디인지 모르겠으나 새터에 모셔두었다. 역사가들이 확인할 일이다.

③ 속민(屬民) 권속과 구민

　유래(由來)전통을 지켜옴. 조공(朝貢) : 무역. 공물.

　신묘(辛卯) : 광개토태왕 즉위년. 왜가 조공을 가지고 고구려에 온 첫해

　연래도해(年來渡海) : 해마다 바다를 건너왔다(고유명사)

(비정편 참조)

[문제가 된 신묘년사건] 문장을 잘 아는 사람은 〈辛卯年來渡海〉를 辛卯年·來海海라고 보지 않는다. 辛卯·年·來渡海가 정해다. (별도로 분석하여 해석한 설명문 참조)

4. 백잔토벌편(百殘討伐編)

> 본문18 ○ 破百殘安羅하고 新羅 以爲臣民하므로 以六年
> 丙申에 王躬率水軍하고 討利殘國하다.
> [정해] 백잔이 안라를 파(破)하고 신라를 신민을 삼으려 하므로 그리하여 재위 6년째 병신(丙申)년에 태왕은 몸소 수군을 인솔하여 잔국을 토벌, 모두 이롭게 하였다.

[해석자의 설명] 광개토태왕은 북방지역. 옛 조선영토지역을 회복하기 위해 토벌을 멈추지 않는데 뜻밖에 남쪽의 백잔이 이웃국가들을 위협하는 강국이 되었다. 백잔은 신라와 신라의 속방국인 안라를 파하고 신민으로 삼으려 한다는 보고를 받고 북방토벌을 중단하고 남하, 백잔토벌을 감행하게 되는데 신묘년으로부터 대왕 재위 6년째 되는 396년(병신)남정길에 오른다. 신묘년(辛卯年)은 광개토태왕의 원년이며 왕성한 토벌전을 감행해 태자시절부터 국가 장악력을 가지고 있었다. 또 광개토태왕의 할아버지를 살해한 백잔의 입장에서는 보복을 당하지 않으려고 군사력이 탄탄하게 준비되어 있을 때다. 그러나 신라는 고구려와 백잔보다 위약한 위치에 있었으나 고구려와의 동맹관계에 있기 때문에 국력이 왕성한 때다. 또 바다건너에 있는 왜는 반도와 중국연안의 여러 나라와 조공을 유지했고 신묘

년에는 비로소 고구려와 조공통상을 시작하였다. 그러므로 신묘년의 시기는 한때나마 평화로운 때다. 위의 기록은 지극히 정상적인 문장인데. 대왕의 석비를 재발견 한때로부터 일본측의 군부정권이 비문을 조작하여 문제를 일으킨 사건이다.

광개토태왕은 태자에서 왕위에 오르던 신묘년 무렵은 주변국과 조공관계를 확실하게 해 국가의 기틀이 최고조에 있을 때인데 다만 조공을 하지 않고 옛 조선지역을 점령하고 있는 종족과 나라들은 토벌은 한다. 그러므로 조공에 특히 공을 들인다. 그리고 왜는 스스로 고구려와 조공을 시작했다는 내용을 조공편에 기록했다. 이미 백잔과 신라는 전통적으로 형제국가끼리는 조공을 관례로 했다는 기록도 남겼는데 이 내용을 일본 측 학자들이 문장을 변조하여 사건을 만든 것이다. (별도해석문 참조)

앞에서도 여러 번 언급했듯이 고구려, 신라, 백제가 신묘년의 시기는 조공관계가 원활하여 강성하고 부강한 시기다. 이 시기에 왜가 백제를 파하고 신라, 안라를 신민으로 삼았다는 엉터리 해석문에 속은 학자들과 일본측 어용학자를 어떻게 이해해야 할까? 신묘년의 해는 한반도의 삼국 사정이 백잔의 국위가 강한 때고 신라도 백잔 침입을 대비하고 있을 때며 고구려와 동맹관계에 있을 때다. 도적 무리에 불과한 왜가 들어올 수 있는 시기가 아니다.

○ 〈참고도표〉

백	잔	신	라	구	시	속	민	유	래	조	공
百	殘	新	羅	舊	是	屬	民	由	來	朝	貢
①		②		③	④	⑤	⑥	⑦	⑧	⑨	

① 백잔과 ② 신라는 ③ 예부터 ④ 이곳에 살던 ⑤ 권속(백잔)과 ⑥ 동족 (신라)구민이다. ⑦ 전통적으로 ⑧ 조공을 가지고 왔으며

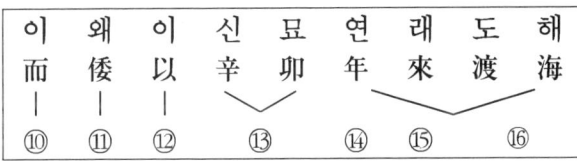

⑪ 왜는 ⑬ 신묘 ⑫ 부터 ⑩ 조공을 ⑭ 해마다
⑯ 바다를 건너 ⑮ 가지고 왔다.

※ 이(而)는 부사격 연결사 또는 반복해 쓰라는 (조공)의 조사다.

서술어에서 반복되는 주제는 而로 축약해 사용한다는 것이니 주제가 〈조공〉이기 때문에 而는 조공을 다시 가지고 와서 쓰라는 뜻

신묘(辛卯)만 있어도 어법은 신묘년으로 통한다. (간지해독법 참조)

※ 연래도해(年來와 渡每)는 고유한 명사다. 신묘년의 간지는 (년.

⑭ 연래(年來)의 경우는 : 해마다 오다. 년과 연의 사용 용례는 다름.

[보충설명] 조공(朝貢)은 통상무역이다. 중국과 제후국 간에는 제후국이 황실로 공물을 바치는 조공제도가 있으나 제후국 간의 무역거래도 조공이다. 고대 한국은 조공을 전통적으로 거래했고 무역은 통상적으로 신임한다는 뜻이다. 왜는 백제와 신라, 가야에 조공거래를 했고 고구려는 신묘년부터 거래를 시작했다는 것이 비문 조공편에 나타나 있는 것이다. 바로 신묘년은 광개토태왕께서 왕의 자리에 즉위한 때고 그 해에 왜와 연합하여 백잔과 신라를 파하고 신민으로 삼았다는 엉터리 해석을 가지고 일본 사학계가 광개토태왕 석비문을 세계 학계에 보고까지 했다. 일본 지식계는 창피 당할 짓을 하고도 부끄러움을 모른다면 정신적으로 문제가 있는 일본학계라 할 것이다. 〈신묘년 사건〉은 광개토태왕과 왜는 연합하여 백잔과 신라를 신민으로 삼으려 한다는 내용으로 변질되기 때문에 학자들은 문장 분석을 다시 해야 할 것이다.

본문19 ○ 以에 到首攻하여 取百八城하다.
[정해] 그때에 일을 생각하면 백잔에 도착하자 선두에서 공격하여 취한 108성(城)은

본문20 ○ 曰模盧城, 若模盧城, 餘韓弓利城, 利城, 閣彌城, 牟盧城, 彌沙城, 古舍蔦城, 阿且城, 古利城, 困草城
[정해] 구모려성, 약모려성, 여한궁리성, 이성, 각미성, 모려성, 미사성, 고사조성, 아차성, 고리성, 곤초성

본문21 ○ 雜彌城, 奧利城, 句牟城, 古須龍城, 羅城, 負山城, 味城, 家古龍羅城, 楊城, 就谷城
[정해] 잡미성, 오리성, 구모성, 고수용성, 라성, 부산성, 미성, 가고룡라성, 양성, 취곡성

본문22 ○ 禹山城, 沙水城, 古入船城, 龍利朝城, 也利城, 太山韓城, 順如城, 數入奴城, 輔呂城, 婁賣城
[정해] 우산성, 사수성, 고입반성, 용리조성, 야리성, 태산한성, 순여성, 수입노성, 보려성, 루매성

본문23 ○ 新城, 餘城, 松城, 細城, 牟婁城, 彌流城, 蘇刻城, 燕婁城, 折支利城, 巖門城, 古杜城
[정해] 신성, 여성, 송성, 세성, 모루성, 미류성, 소각성, 연루성, 절지리성, 암문성, 고두성

광개토태왕 석비 정해 187

본문24 ○ 盛晏城, 晏利城, 南蘇城, 就鄒城, 奴利城, 閏奴城, 彩盧城, 炅舍獲城, 鴨盧仇天城, 豆奴城이라 其國城은 賊不服氣하고 敢出交戰하였다.

[정해] 성안성, 안리성, 남소성, 취추성, 노리성, 윤노성, 채려성, 영상획성, 압로구천성, 두노성이다. 잔국 도성(其國城) 적들은 굴복하지 않고 감히 교전하려고 나왔다.

기국성(其國城)은 그 나라(잔국)의 도성이다.

본문25 ○ 王威赫怒하여 渡阿利(師被)水라가 遣利迫城하고 橫攻敵退하며 急圍其城하였다.

[정해] 태왕께서는 대단히 격노하여 아리수를 건너가라 하였고 군사를 보내 성을 압박하고 거세게 몰아쳐 이기니 적들은 도망가기 급하므로 백잔의 도성을 포위하였다.

본문26 ○ 百殘王困逼하여 遣使獻男女萬一千人과 細布千匹하고 歸王自誓를 從今以後 永爲奴客한다 하였다.

[정해] 백잔왕은 곤혹스럽고 압박에 견딜 수 없어 사신을 파견, 남여 1만 천명, 세포 1천필을 바치고 대왕께 돌아와 맹세하기를 지금부터 이후 영원히 노객(奴客)이 되겠노라 하였다.

본문27 ○ 大王恩赦 始迷之愆하고 錄其後順之誠하니 於是拔 五十八城村七百하고 將殘王弟幷大臣十人과 旋師還都하다.

[정해] 태왕께서는 지난날의 허물을 용서하고 기록하기를 화합하는 성의를 꾀하기 위해 이곳 58성과 마을 700을 뺏는다 하였고 장수와 잔왕(殘王)의 아우와 대신 10인과 함께 군사를 돌려 도성으로 돌아왔다.

[해석자의 설명] 광개토태왕 재위 6년째는 병신(丙申)이다. 백잔이 안라를 파(破)하고 신라를 신민으로 삼으려 하므로 대왕은 몸소 군사를 인솔해 잔국을 토벌하여 모두 이롭게 했다는 문장에서 바로 〈이롭게 했다〉는 뜻이 무엇일까? 결과적으로 백잔성 58개성과 마을 700을 빼앗아 백잔의 힘을 약하게 했고 백잔의 이웃 나라와 종족들을 안심하게 하였다. 태왕은 할아버지 고국원왕을 참살한 원수를 보복하기보다 싸울 의지를 꺾어서 힘의 균형을 유지하려 했기 때문에 역시 성군(聖君)이다. (후일 장수왕은 백잔의 문주왕을 참살하여 원수를 갚게 됨)

광개토태왕은 힘의 균형을 유지하려했고 형제 국가끼리 〈신민〉을 삼거나 〈속방〉시키는 일이 없었다. 그러나 일본 학자들은 문장을 변조해 〈백잔과 신라를 신민으로 삼았다〉라는 주장은 광개토태왕과 연합했다는 뜻으로 문장이 되므로 문맥을 모르는 큰 실수를 했다.

5. 토곡편〈土谷編〉 : 숨어 사는 종족을 살핌.

본문28 ○ 八年戊戌에 敎遣偏事하다. 觀島順(帛愼)土谷하고 因便抄得莫였다. 新羅城, 加大羅谷 男女三百餘人이 自此以來어니 朝貢論事하다.

[정해] 재위 8년은 무술년, 교칙을 내리고 군사를 파견하여 섬과 옛 토박이들의 형편을 살피게 했고 도둑질이나 빼앗아 살지 못하게 하였다.
신라성, 가대라곡 남여 300여인이 스스로 찾아와 조공을 했고 국사를 논하였다.

[해석자의 설명] 태왕 제위 8년 째 해는 무술(戊戌). 고구려에는 옛 조선민 구역이어서 유민과 옛 종족들이 많이 거주한다. 군사를 파견하여 통제하게 했고 산적들은 특히 통제 대상이었다. 인편초득막〈因便抄得莫〉은 도둑질로 살지 말라는 경고다. 신라성에 사는 종족들과 가대라곡 종족들이 찾아와 조공을 바치며 안심하고 살 수 있는 정치적인 논의를 했다는 것은 대왕시대는 문호를 활짝 열어놓고 누구든지 와서 논의하도록 했다.

6. 백잔위서편〈百殘違誓編〉: 백잔이 맹서를 어김.

> 본문29 ○ 九年己亥에 百殘違誓라 與倭和通고 王巡下平穰인데 而 新羅遣使 白王云하되 倭人 滿其國境하고 破城池以奴客하니 爲民歸王請命하와 遣新羅使還國하다.
>
> [정해] 재위 9년은 기해년, 백잔왕이 맹서를 어기고 왜와 서로 내통하였다. 태왕은 평양 남쪽을 순행하는데 신라에서 사신을 파견 태왕에게 자세히 이르기를 왜인은 국경에 가득하고 성과 저수지는 노객(백잔 군사)들이 파괴하고 있어 동족을 위해 태왕께서 구명(救命)하러 와 주실 것을 간절히 청하므로 신라 사신에게 군사를 보내겠다. 하고 국내성으로 돌아왔다.(還國)

[해석자의 설명] 태왕 재위 9년째의 해는 기해(己亥)다.
백잔왕이 병신(丙申)년에 했던 맹서를 어겼다.
태왕께서는 평양 남쪽을 순행하고 있을 때 신라에서 급히 사신을 파견하여 태왕께 자세하게 다 말하였다.

① 白王云 : 대왕께 자세히 말하다

② 倭人滿其國境 : (왜인은 국경에 가득하고)

③ 破城池以奴客 : (성과 저수지를 백잔의 노객들이 파괴하다)

④ 爲民歸王請命 : (동족을 위하신다면 대왕께서 돌아와 구명해 주실 것을 청하나이다) 하니
⑤ 遣新羅使還國 : (신라사신에게 군사를 보내겠다(遣) 약속하고 돌아왔다)

○해석자들이 破城池를 빼고 〈以奴客〉과 爲民〈歸王請命〉에서 爲民을 연결해 (以奴客爲民)이라 문구를 만들어 "사신이 노객으로 삼아달라고 애걸하였다" 라고 말을 꾸며내었다. 이 부분은 단재도 실수했고 위증하였다.

보충설명 분명히 왜인들을 끌어들인 백잔 노객들이 성과 저수지를 파괴해 쳐들어올 기세가 있으니 태왕이 와서 신라를 구해달라는 청원인데 〈사신이 신라도 대왕의 신민으로 삼아달라고〉 간청했다는 것은 대왕의 철학과 〈경찰군〉 제도의 뜻을 왜곡하였다. 신라 사신은 태왕에게 백잔의 기세를 막아달라고 부탁했을 뿐이다. 그리고 〈신라도 백잔같은 노객으로 삼아달라〉는 엉터리 해석을 믿고 많은 학자들이 신라도 고구려의 신민이라고 주장한다. 이처럼 엉터리 해석을 가지고 연구서를 써내는 학자들은 반성이 요구된다.

7. 구왕신라편〈往救新羅編〉 : 가서 신라를 구하라.

본문30 ○ 太王於十年 庚子에 敎遣步騎五萬으로 往救新羅하라.

[정해] 태왕께서는 재위 10년 경자년에 교칙을 내리고 보병과 기병 5만을 파견하니 가서 신라를 구(救)하라 하였다.

본문31 ○ 從南居城 至新羅城하니 倭滿其中으로 官兵方至하니 倭賊退라 由新羅 躡蹤追來하니 至任那加羅從拔城하였고 城卽歸服 安羅人戍兵하다.

[정해] 남거성에서 신라성까지 왜가 가득한 가운데로 관병이 바로 도착하니 왜와 도적들이 달아나는데 신라로 하여금 뒤를 쫓아가 샅샅이 잡아오니 임나에서 가라까지 마침내 성을 모두 빼앗았고 성을 즉시 안라인술병에게 돌려주었다.

본문32 ○ 拔新羅城에 盡城倭滿倭潰하고 城大肆殺戮盡人 請救라 官兵復追倭인데 敗死者十九盡이다.

[정해] 신라성을 빼앗아 왜를 가득 채워 왜병만 궤멸했고 성에는 대대적 살륙장이 되었다. 사람들이 살려달라 간청하였고 관병이 다시 추적해 열에 아홉을 죽여 없앴으니 왜는 완패했다.

본문33 ○ 臣順大安羅人守兵城復하고 盡城掃其烟塵하며
材木 燒毀無餘라.

[정해] 대신들과 대안라인과 수병들이 화합하여 성을 복구
하는데 휩쓸어 버린 성에는 아무것도 없고 그 곳
에는 연기와 먼지 뿐 재목조차 타버리고 훼손되어
남은 것이 없었다.

본문34 ○ 官兵 移師百殘 圍其城하니 百殘王懼復獻하다
五尺珊瑚와, 二朱, 紅寶石과 筆床과 一他를倍
前에 質其子句窂하여 太王率步騎還國하다.

[정해] 관병과 군사를 백잔으로 옮겨 백잔의 도성을 에워
싸니 백잔왕이 두려워 떨면서 거듭 절을 하고 5척
(尺) 산호, 이주(?), 홍보석, 필첩 상자와 고백문을
대왕께 바쳤고 인질로 백제왕자를 데리고 태왕은
보병과 기병을 인솔해 돌아왔다.

본문35 ○ 安羅人戌兵은 昔新羅이니 安錦未有타가 身來
朝貢하다.

[정해] 안라인과 술병은 옛 신라였다. 편해지고 여유로워져
몸소 조공을 오지 않았다.

본문36 ○ 感國剛上廣開土境平安好太王께서 救拔恩하사 安
羅王 隨自伏僕句하기를 親來獻物을 朝貢하리로다.

[정해] 국강상 광개토경 평안 호태왕께서 신라를 구하고
적으로부터 빼앗아 다시 베풀어 주므로 안라왕은
크게 깨달았으며 스스로 엎드려 말고삐를 잡고 중
얼거리면서 쫓아와 친히 물자도 바치고 조공하러
오겠다 하였다.

[해석자의 설명]

① 태왕 재위 10년 경자년에 교칙을 내리고 가서 신라를
구하라 하였다. 남거성에서 신라성까지는 긴 로정(路
征)길 인데 왜가 가득찬 곳으로 바야흐로(바로) 도착
하니 왜와 백잔의 적들이 도망을 쳤다. 신라로 하여금
뒤를 쫓아 모조리 잡아오니 임나에서 가라까지 마침내
성을 모두 빼앗았다. 성은 즉시 안라인술병에게 돌려
주었다.

② 안라인과 술병은 옛 신라다. 평안하고 사치해져 몸소
조공하러 오지 않았다.

○ 남거성에서 신라성까지 사이에 신라가 빼앗긴 성이 많
아 광개토태왕은 5만의 군사를 이끌고 온다. 정벌기간
이 얼마나 길었는지 모르겠으나 5만의 군사를 동원할
만큼 작은 지역은 아닌 듯. 그리고 임나에서 (至任那)가

라까지 마침내 성을 모두 빼앗았고 성은 즉시 안라인에 돌려준다. 학자들은 〈從拔城〉을 존재하지 않는 성으로 해석하였다.

○ 〈임나가라종발성에서 항복하였다〉라는 해석은 배꼽을 쥘 만큼 웃기는 해석이다. 〈임나에서 가라까지 마침내 성을 모두 빼앗았다. 성은 즉시 안라인 술병에게 돌려주었다〉이다.

〈정해도표〉

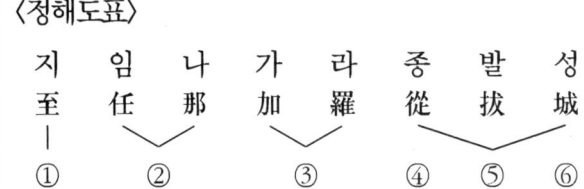

② 임나(에서) ③ 가라 ① ~까지 ④ 마침내 ⑥ 성을 ⑤ 모두 빼앗았다.

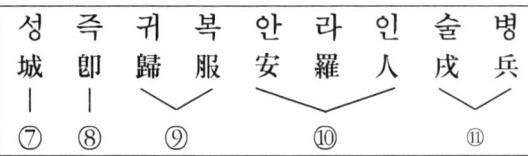

⑦ 성은 ⑧ 바로(즉시) ⑩ 안라인 ⑪ 술병에게 ⑨ 모두 돌려주었다.

歸服(귀복)을 돌아와 항복했다 라는 해석은 경서공부를 하지 않은 사람의 해석이다. 〈돌려주었다〉가 정해다. 歸 : 본래의 자리로 돌아가 회복하다(服)의 뜻이다.

위의 도표에서 보았듯이 문장해석에서 〈임나가라종발성에서 항복했다〉라는 해석에는 〈안라인 술병〉문장을 해석에 넣지 않았다. 이런 엉터리 해석이 130년 동안 독자를 속였다. 또 〈임나가라〉가 존재하는 지명이라면 〈임나〉만으로도 문장은 통한다. 〈석비문〉은 지명이나 국명을 대명사와 실명을 썼다. 安羅는 安羅加耶 인데 〈안라〉로 축약했다.
(之) 그곳 (是) 이곳에 등을 참조.
만일 〈임나가라〉 한 곳을 토벌하러 왔다면 5만의 군사동원이 필요치 않을 것이다.

안 라 인 술 병 석 신 라 안 금 미 유 신 래 조 공
安 羅 人 戌 兵 昔 新 羅 安 錦 未 有 身 來 朝 貢

〈안라인 술병은 옛 신라이니 평안하고 사치해져 조공하지 않았다〉를 많은 학자들은 안라인 술병을 없애고 〈昔新羅安錦未有身來朝貢〉으로 문장을 조작해서 "옛날 신라 매금이 조공을 하지 않았음을 광개토태왕 앞에서 사죄했다"라는 해석은 엉터리다. 신라왕이 아니라 안라의 왕이 사과한다. 이 부분은 〈단재〉선생도 오판하였다.

○ 지임나가라(至任那加羅)는 임나에서 가라까지의 뜻이다. 남거성 임나에서 신라성의 안라가라까지다. 안라가라는 옛 신라이므로 가라는 신라성의 안라가라다. 문장해석상 임나와 가라는 지역이 전혀 다른 두 개의 대명사이고 두 지역이란 뜻이다. 따라서 지금까지의 해석은 틀렸다.

8. 왜불궤편〈倭不軌編〉: 왜가 국법을 어김.

> 본문37○ 十四年 甲辰에 而倭不軌 侵入帶方界하니 太王 率兵하고 自石城島에 運航渡海迅抵하며 帶方 倭退하다. 追至하여 旬滿城然後에 相遇하여 王 憧要裁盪 刺殺고 倭潰敗斬殺無數하다.
>
> [정해] 재위 14년은 갑진년인데 왜가 국법을 어기고 대방계에 침입 태왕은 병사를 인솔하고 석성도에서 배를 띄워 빠르게 바다를 건너서 대방에 도착하니 왜는 도망을 치는 데 구만성까지 뒤를 쫓아 서로 마주치니 왕은 겁을 주고 요새에 몰아넣고 짓밟아 협살하니 왜는 궤멸, 패하였고 참살한 자는 헤아릴 수 없었다. (이 부분은 왜가 아니다 라고 주장하는 학자가 있음: 참조)

[해석자의 설명] 대왕 재위 14년째 갑진년에 왜가 대방계(帶方界)에 까지 침략. 법을 어겼다는 것. 이 부분은 倭가 아니고 殘의 침입일 수 있다. 탁공의 조작인지 해석자의 요구인지 모르겠으나 〈석비뮤〉에는 〈왜와 잔〉이 분명치 않다. 다만 〈而倭不軌〉는 선명하다. 倭字는 殘字로 殘字는 倭字로 탁공은 얼마든지 조작할 수 있다.

그러나 무엇보다 왜가 대방계까지 와야 할 이유가 무엇인가? 아니면 왜로 위장한 잔국 병사인지 확인할 길이 없다. 대방계는 본래 넓은 한사군 시대의 지역이었다. 그러나 대방계의 주민들이 싸움과 불만이 많아 한에서 파견한 지방장관 태수가 대방계를 나누어 한 쪽은 고구려 지역으로 남방계는 백잔 지역으로 나누어 주었으나 백잔이 남하함으로 자연스럽게 고구려 지역으로 흡수되었다. 그러나 백잔은 늘 이 지역을 환수하려고 했으나 실패했고 번번히 침입해도 병사와 물자 손실만 초래했었다. 따라서 대방계 침입은 倭를 가장한 殘일 수 있다.

본문 34의 주해

○ 이주(二朱) : 보석류(:), 무슨 보석류인지 알 수 없음.
○ 일타(一他) : 고백문(告白文)
○ 필상(筆床) : 책과 필첩을 넣은 상자
○ 배전(培前) : 왕 앞에 바침
○ 오척산호(五尺珊瑚) : 오키나와의 수중산호

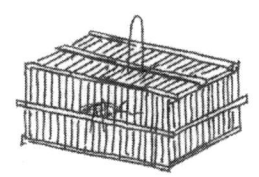

9. 정소왜구편〈淨掃倭寇編〉: 왜구를 깨끗이 쓸어버리다.

본문38 ○ 十七年丁未, 敎遣步騎五萬으로 掃盡倭寇라 官兵追過 平穰하여 直至合戰하니 斬殺盪盡하고 所獲鎧甲一萬餘라 軍資 器械 不可稱數하다. 還破코 沙卑城과 婁城에 還住東龍城하여 淨掃倭寇하고 師旋還하다.

[정해] 재위 17년은 정미년, 보병과 기병 5만을 보내도록 교지를 내려 왜구를 깨끗이 없애라 하였다. 관병이 뒤를 쫓아가 맞닥드리니 평양을 벗어나면서 곧바로 전투가 벌어져 참살하고 짓밟고 밀쳐내니 노획한 개갑만 1만여, 군사물자와 기계는 헤아릴 수 없었고 돌아오면서 사비성과 루성을 파하고 다시 돌아와 동용성에 주둔하여 왜구를 깨끗이 쓸어버리고 군사를 돌려 돌아왔다. (이 부분도 왜구가 아니라 잔(殘)이라 주장하는 학자가 있음을 참고)

[해석자의 설명] 대왕 17년. 정미년에 보병과 기병. 5만을 보내 왜구를 쓸어 없애도록 하였다. 관병이 뒤를 추적. 평양 너머에서 (남쪽지점) 머뭇거림 없이 전투가 벌어졌다 (合戰) 〈이하 해석문 참고〉 이 문장을 분석하면 왜가 침략한 것이 아니고 왜구를 가장한 백잔군인 듯 하며 그 이유

는 〈개갑과 병기〉제작을 왜에서 과연 했을까 의심스럽고 병기를 실어올 군선이 있었을까 의심스럽다. 사비성 루성. 동용성은 과거 백잔의 도성과 중요 영역인데 왜가 무슨 이유로 탈환하려 했는지 설명이 없으므로 이 문장은 백잔의 침략으로 판단된다. 정탁본에 의하면 대부분 파쇄 되어 석독이 어려운데 〈영희. 창강. 소앙〉선생의 문집에는 위의 문장으로 기술되어 있어 옮겼다. 과거 〈근초고왕〉이 이곳 대방계를 탈환하려 했고 백잔의 〈숙원〉이 있는 곳이다. 광개토태왕은 강성한 백잔을 제어하기 위해 무려 5만의 군사를 동원하여 침략의 야욕을 꺾어버린다. 이후 백잔의 침략은 꺾였고 장수왕 대에 광개토태왕 할아버지를 참살했던 근초고왕의 아들인 근구수에 대한 원수를 갚기 위해 〈문주왕〉을 붙잡아 참살한다.

10. 동부여편〈東扶餘編〉: 동부여를 토벌함

본문39 ○ 廿年庚戌에 東扶餘 舊是 鄒牟王屬民인데 中叛不貢이라. 王躬率往討하더니 軍到餘城과 而餘擧國하여 駢皆歸伏이렸다. 追念王恩하고 普覆於是旋還하다.

[정해] 재위 20년은 경술년이다. 동부여는 예전부터 이곳에 살았던 추모왕의 권속이며 동족이다. 중도에 배반하였고 조공을 하지 않아 태왕은 몸소 군사를 인솔하고 토벌을 떠났다. 군사가 부여에 도착하니 부여성에서는 거국적으로 나와서 사람들이 어깨를 나란히 하고 도열해 항복하므로 옛날을 생각해서 왕은(王恩)으로 빼앗은 성을 돌려주고 허물들은 널리 덮어버리고 여기에서 군사를 돌렸다.

본문40 ○ 又하고 其慕化한데 隨官來者라 味仇婁鴨盧와 卑斯麻鴨盧와 辣斯婁鴨盧 肅斯舍가 遠近率服하다.

[정해] 또 그 곳에서 태왕의 덕망에 감화되어 관병을 따라 온자는 미구루 압로와 단사마 압로, 날사루 압로와 숙사함이다. 원근에 있는 동족들이 서로 데리고 와서 모두 복종하였다.

[해석자의 설명] 태왕재위 20년 째 경술(庚戌)년에는 동부여가 옛날부터 이곳에 살았던 추모왕의 권속과 동족인데 중도에 배반하여 조공을 하지 않아 왕은 몸소 군사를 인솔하여 토벌을 떠났다.

① 여거국병개귀복(餘擧國騈皆歸伏) : 부여의 백성들이 거국적으로 나와서 어깨를 나란히 하고 도열해 엎드리므로(항복하므로)

② 우기모화수관래자(又其慕化隨官來者) : 또 그때의 일을 흠모하여 관병을 따라서 온 자들은 추모왕의 출생국 북부여는 346년 연왕에게 멸망하였다. 그러나 북부여는 멸망했으나 부여는 여럿으로 재기하며 동부여도 북부여의 친족이며 고구려에게 상국(上國)행세를 하려 했다. 그리고 조공을 중단한 까닭도 상국의 자존심이 있었을 것이다. 다만 광개토태왕을 과소평가했던 동부여는 결국 광개토태왕 앞에 무릎 꿇었다.

• 수묘인편을 위한 해석자의 설명

수묘인 연호는 넓은 뜻의 국연과 간연이 있다 간연은 국연으로부터 사역(使役)의 입장인 듯하다. 〈爲〉, 〈盡爲〉는 "하라", "하게 하라", "다하라" 이므로 다스림을 받는 위치에 있는 듯하다.

11. 수묘인편〈守墓人編〉: 선조의 묘를 지킴

본문41 ○ 太王 着凡所攻인데는 破城六十四 村一千四百에 守墓人烟戶하다.

[정해] 대왕께서 무릇 뜻한바대로 파(破)한 성64, 마을 1천 4백에 수묘인과 연호를 두고 다스렸다.

본문42 ○ 賣句余民國烟二두고 看烟五하라. 東海賈國烟三두고 爲看烟五하라. 韓城十四家盡爲 看烟하고 弓城一家爲看烟하라. 碑利城, 二家爲國烟두고 平穰城民國烟一두고 看烟十하라. 島連二家爲看烟하라.

[정해] 매구여민은 국연 2를 두고 간연은 5를 하라, 동해고는 국연 3을 두고 간연은 5를 하고, 한성 14가는 죽을 때까지 간연을 하고 궁성은 1가에 간연을 하라. 비리성은 2가에 국연을 두고 평양성민은 국연 1을 두고, 간연은 10을 하고, 도연은 2가에 간연을 한다. (이하에 국연은〈둔다〉와 간연은〈한다〉로 독자가 분별하여 읽기바람)

[해석자의 설명] 수묘인편에 대해 해석자들은 정확한 해석을 하지 못하였다. 본 해석자도 연호(烟戶)가 하는 일이 무엇인지 정확하게 아직 모른다. 다만 문장은 다음과 같이

해석함이 정확하다.

① 범소공파(凡所攻破) : 무릇 파하여 다스림
② 착범소공파(着凡所攻破) : 무릇 뜻한바 대로 파하여 ~
을 두고 다스림. 着 : 두다. 攻 : 다스림. 관리함.

태왕이 정벌, 토벌 등으로 빼앗거나 돌려받은 성은 64곳만 아니며 정확히 몇 곳의 성을 획득했는지 모른다. 다만 64곳과 마을 1400곳은 〈묘지〉가 있는 곳이다. 묘지의 숫자가 얼마나 되는지 모르겠으나 묘소를 지킬 「수묘인」 제도를 만들어 일정한 지위나 책임을 맡긴 듯함. 수묘인의 임무가 묘소만 지키는 일 외에 정확히 무엇을 더 하는지 아직 알고 있지 않다. 특별한 것은 〈선왕〉의 묘와 종족들의 묘도 지키게 했고, 그들에게 어떤 지위와 보수를 주도록 했는지 기록에는 없으나 〈법을 다시 만들었다〉고 할 때는 일정한 지위를 보장한 듯하다.

본문43 ○ 佳婁城國烟一두고, 看烟卌二하고, 忽谷二家爲看烟하고, 梁城二家爲看烟하라. 安失連甘二家爲看烟하고, 改谷三家爲看烟하고 新城 三家爲看烟하고, 南蘇城一家爲國烟두고

[정해] 가루성에 국연 1, 간연은 42, 홀곡은 2가에 간연하고 양성 2가에 간연하고, 안실연은 24가에 간연하고 개곡은 3가에 간연하고 신성은 3가에 간연하고 남소성은 1가에 국연한다.

본문44 ○ 新來韓濊 沙水城 國烟一두고, 看烟一, 婁牟城 二家爲看烟 侃島 鴨岑韓五家爲看烟, 勾牟客頭二家爲看烟, 永氏韓一家爲看烟, 舍蔦城韓穢 國烟三두고看烟十두고 甘一家하라. 古龍羅城一家爲看烟하라.

[정해] 새로 오게 될 한예 사수성에 국연1, 간연1, 루모성 2가에게 간연하고, 황도 압잠한 5가에 간연하고 구모객두 2가에 간연하고, 영저한 1가에 간연하고 사조성 한예에 국연3, 간연21가, 고룡라성 1가에 간연한다.

본문45 ○ 灵白城國烟一두고 看烟三하라. 客賢一家爲看烟하라. 阿且城 雜珍城 合十家爲看烟하고 巴奴城韓九家爲看烟하고 若模盧城에, 四家爲看烟하라. 古模盧城二家看烟하고, 牟水城三家爲看烟하고 輔呂利城國烟二두고, 看烟五하라. 彌少城 國烟七두고, 看烟七하고, 屯舫島 宏利城三家 爲看烟하고, 豆奴城國烟一두고, 看烟二하라.

[정해] 영백성은 국연6, 간연3, 객현은 1가에 간연하고 아차성 잡진성은 10가를 합하여 간연하고 파노성한은 9가를 간연하고 약모려성은 4가에 간연히고, 고모려성 2가에 간연을 두고, 모수성 3가를 간연으로 하라. 보려리성은 국연2, 간연5, 미소성은 국연7, 간연7, 둔방도 굉리성 3가에 간연하고, 두노성에 국연1, 간연은 2.

본문46 ○ 奧利城國烟二, 두고 看烟八하고 須彌城國烟二
두고, 看烟五. 石殘南居韓國烟一두고 看烟五하
라 太山韓城六家爲看烟하고. 農賣城國烟一두
고, 看烟一하라, 閏奴城國烟二두고 看烟廿二
하라 古牟婁城 國烟二두고, 看烟八하라, 楊城
國烟一두고 看烟一하고 看烟八하라. 味城六家
爲看烟하고, 就咨城 五家爲看烟하라.

[정해] 오리성 국연2를 두고 간연8을 한다. 수미성 국연2,
간연5 석잔, 남거한 국연1, 간연5, 태산한성6가에
간연을 하고 농매성 국연은 1, 간연1을 두고 윤노
성 국연2, 간연22를 고모루성 국연2, 간연은 8을
두고 양성은 국연1, 간연은 8, 미성은 6가를 간연
하고 취자성은 5가를 간연하라.

본문47 ○ 平穰城四家爲看烟하고, 散那城 一家爲國烟두
고, 那旦城 一家爲看烟하고, 勾牟城 一家爲看
烟하고 於利城 八家爲看烟하라, 比利城 八家爲
看烟하고, 細均城 三家爲看烟하라.

[정해] 평양성은 24가를 간연하고 산나성 1가에 국연을
두고 나단성 1가와 구모성 1가에 간연을 어리성 8
가에 간연을 비리성 8가를 간연하고, 세균성 3를
간연을 한다.

12. 장수대왕에게 남긴 유훈

본문48 ○ 國剛上廣開土境 平安 好太王存時教言하기를 祖王先王에 但教遠近하고 舊民 守墓 淨掃케 하라.

[정해] 국강상 광개토경 평안 호태왕께서 살아있었을 때 교칙을 내리신 말씀은 시조왕과 선왕은 특별히 원근에 사는 옛 동족이 묘를 지키고 깨끗이 청소하도록 특별히 잘 가르치라 하셨다.

본문49 ○ 吾慮舊民 轉當羸芳이니 若吾萬年之後에 安守墓者리오

[정해] 나는 옛 민족들이 터를 바꿔버리거나 묏자리가 초라할까 염려하며 만일 내가 만년 쯤 뒤에 수묘자를 어떻게 알겠는가.

[주해] 안수묘자(安守墓者) 수묘자를 어떻게 알겠는가?

安 : 의문사

본문50 ○ 但取 吾躬率所略하였으므로 來韓穢할때 令備酒掃하고 言教如此하고 是以如教하리로다.

[정해] 특히 내가 몸소 인솔하여 꼼꼼히 챙기지 못한(所略) 한예를 취하면 깨끗이 청소하고 술을 준비 하라는 말씀을 이와 같이 말씀하셨고 이렇게 가르치셨다.

[주해] 소략(所略) : 꼼꼼히 챙기지 못함
 단취(但取) : 특히 ~취하게 되면.
 但教 : 특별히 잘 가르치라 함.

[해석자의 설명] 태왕께서도 아쉬움과 걱정이 있는 듯하다. 태왕은 과거 많은 전쟁터에서 여러 번 위험한 고비가 있었으나 결국 병이 깊어 장수왕(태자시절)에게 미리 당부한 일이 바로 수묘인 관리 문제였다. 시조와 선조 묘소뿐만 아니라 모든 종족의 선조 묘소까지 관리하게 했고 1만년 뒤까지 생각하고 있었다. 이제 겨우 1600년이 지났을 뿐인데 모든 것은 잃었다.

본문51 ○	令取韓穢할때　二百二十家　慮其不知法하거든 則復取舊民　一百十家와　合新舊守墓戶國烟　三 百하면　都合　三百三十家이니　自上　祖先王　以 來墓上에　永安石碑　致使　守墓人하고　烟戶　差 錯케하라.
정해	좋은 때에 한예(韓濊)에서 220가를 취하여 두게 하고 그들이 법을 알지 못하거든, 바로 다시 옛 동족 1백 10가를 취하여 신구 수묘자와 합하여 국연 3백, 도합 3백 30가를 두고 자신의 조상과 시조와 선왕 이후까지 묘에 석비를 세우고 수묘인과 연호들은 순서가 다르지 않게 (差錯) 할 것이고 극진히 하라 하였다.

주해　영취(令取) : 좋은 때에 ~취하며

　　　차사(致使) : 극진히 하라.

본문52 ○ 維國剛上 廣開土境 平安好太王께서 盡爲 祖先王은 墓上立碑銘하고 其烟戶 不令差錯하라.

[정해] 생각하건대 국강상 광개토경 평안호태왕께서는 조상과 선왕의 묘에 비명(碑銘)을 세우고 그 일을 하는 연호(烟戶)를 두고 어김없이 순서가 틀리지 않게 정성을 다하라 하였다.

[주해] 유(維) : 생각하건대

진위(盡爲) : 정성을 다하라.

본문53 ○ 又制하기를 守墓人 自今以後 不得更相轉賣하고 如有富足之者는 亦不得擅買하고 其有違令賣者도 刑之買人하라 制令守墓之人하리라.

[정해] 또 법을 제정하여 수묘인을 두도록 하였으니 이제부터 부유한 자에게 다시금 서로 전매(轉賣)하지 않도록 하라.
또한 팔라고 하거나 권해도 사들이지 못하게 하고 영(令)을 어겨 팔았거나 그 땅을 사들인 자도 처형하라. 수묘인이나 그 곳에 사는 사람들은 명령한 대로 법을 잘 지켜라 하였다.

[해석자의 설명]

① 수묘인은 묘지기의 임무를 맡은 자인 줄 알겠으나 〈국연〉과 〈간연〉은 하는 일이 무엇인지 정확히 알 수 없다. 다만 〈비석과 묘의 주인이 바뀌지 않게〉, 주의를 시켰고 당부를 할 때는 국가가 수묘제도를 특별히 만들어 실행한 듯하다.

② 장수대왕은 부왕이신 광개토태왕이 생전에 부탁한 가르침에 선왕과 종족들의 묘를 소중히 여기도록 했고 행적과 업적 등을 기록하여 무덤과 비석이 일치하도록 당부했음을 강조하였다. 착오가 없도록 주의를 했다는 것은 이전에는 묘만 만들어 두었을 뿐 비석은 남기지 않은 듯하다.

③ 광개토태왕은 선조와 선왕의 묘가 있다고 정보가 오면 즉시 달려가서 토벌하였고 동족을 찾아내어 관리하게 하므로 영역확보를 확실하게 했다. 따라서 옛 조국의 조상들이 무덤을 만들어 둔 풍습은 광개토태왕으로 하여금 영토회복의 단서와 구실을 만들어 준 선물이었다.

④ 태왕의 석비는 장수왕 34년 을유(乙酉)445년에 비를 세우고 능은 산으로 옮겼다. 고구려가 평양으로 천도한 이후이므로 도성을 비우게 되어〈수묘인제도〉를 만들어 재사, 관리, 정보통신 전달 등 다방면으로 활용한 듯하다. 앞에서 여러 번 언급했듯이 〈광개토태왕 능비〉 또는 〈능비문〉은 능에 대한 설명과 내력이 없으

니 증언이 잘못된 개념이며 〈광개토태왕 석비〉 또는 〈태왕석비문〉으로 통일해 사용할 것을 요청한다. (해석저자)

⑤ 끝으로 수묘인과 묘지의 급수가 국연과 간연으로 나뉘었고, 간연은 국연의 지배하에 있는 듯하다. 그러나 탁본에 이 부분은 정확한 수량표기와 채탁의 착오가 적지 않다. 그러므로 수묘인 편의 채탁에는 오류와 착오가 있음을 양해할 사항이다. 그러나 해독문으로도 문장법에 따라 어느 정도 고칠 수 있다.

○ 출판비의 사정으로 1700쪽의 분량을 축소하였다. 석비문의 글자 수가 불과 1800여자 내외인데도 130년 동안 의혹과 미혹에 쌓였고 남의 나라 학자들이 뛰어들어 문제를 복잡하게 하였다. 집중적으로 삼학자와 일본 측의 연구서를 비정하였고 다른 연구자의 것은 논외로 하였다. 강연장에서 분석하여 논의 하겠다.
○ 필자는 24년 동안 세월을 보냈으나 지금 종료하는 마지막 글을 볼 때 그동안의 세월이 너무 짧다는 생각이 들며 무척 아쉽다. 생활고의 사정으로 붓을 꺾게 되었고 부족하고 송구스럽다. 모든 분께 감사드린다.

저자 김덕중

광개토태왕 석비문의 관련사 편련표

서기	천간	재위	비 고	서기	천간	재위	비 고
384	甲申	1	※ 소수림왕 5년 (375년) 광개토 출생(담덕)	415	乙卯	장수4	
385	乙酉	2		416	丙辰	〃 5	
386	丙戌	3	▶고국양왕	417	丁巳	〃 6	
387	丁亥	4		418	戊午	〃 7	
388	戊子	5		419	己未	〃 8	
389	己丑	6		420	庚申	〃 9	
390	庚寅	7		421	辛酉	〃 10	
391	辛卯	8.1	고국양왕 卒, 永樂元年 (倭朝貢)	422	壬戌	〃 11	
392	壬辰	永樂2	(백잔토벌)	423	癸亥	〃 12	
393	癸巳	〃 3		424	甲子	〃 13	
394	甲午	〃 4		425	乙丑	〃 14	
395	乙未	〃 5	碑麗討伐	426	丙寅	〃 15	
396	丙申	〃 6	百殘討伐(58城) 뺏음.	427	丁卯	〃 16	평양천도(平壤遷都)
397	丁酉	〃 7		428	戊辰	〃 17	
398	戊戌	〃 8	觀島順土谷(敎遣), 경찰함	429	己巳	〃 18	
399	己亥	〃 9	百殘違誓, 신라사신 파견	430	庚午	〃 19	
400	庚子	〃 10	往救新羅(연, 모용희 新城, 南蘇점령)	431	辛未	〃 20	
401	辛丑	〃 11		432	壬申	〃 21	
402	壬寅	〃 12		433	癸酉	〃 22	
403	癸卯	〃 13		434	甲戌	〃 23	
404	甲辰	〃 14	倭不軌(왜 침략)	435	乙亥	〃 24	
405	乙巳	〃 15		436	丙子	〃 25	
406	丙午	〃 16		437	丁丑	〃 26	
407	丁未	〃 17	掃盡倭寇	438	戊寅	〃 27	
408	戊申	〃 18	장수왕 太子(연왕 고운과 수교)	439	己卯	〃 28	
409	巳丙	〃 19		440	庚辰	〃 29	
410	庚戌	〃 20	東扶餘討伐	441	辛巳	〃 30	
411	辛亥	〃 21	太王病苦	442	壬午	〃 31	
412	壬子	〃 22	永樂 39세 卒, 장수왕 元年	443	癸未	〃 32	
413	癸丑	장수2		444	甲申	〃 33	
414	甲寅	3	甲寅 3년 탈상 9.29 (※ 甲寅立碑는 誤譯)	445	乙酉	〃 34	왕능을 산으로 옮김. 立碑 (광개토대왕비)

부 록

5

정탁본자료(북경대학교소장)
(부분 게재)

第一面 1・1-6 惟昔始祖鄒牟

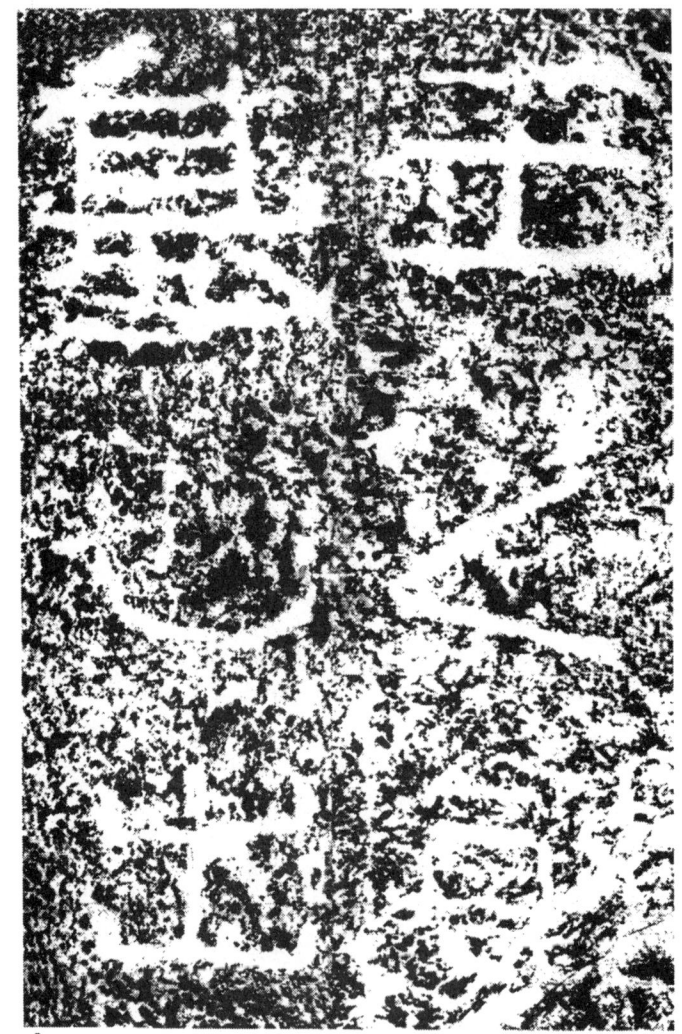

1 · 7-12 王之創基也 出

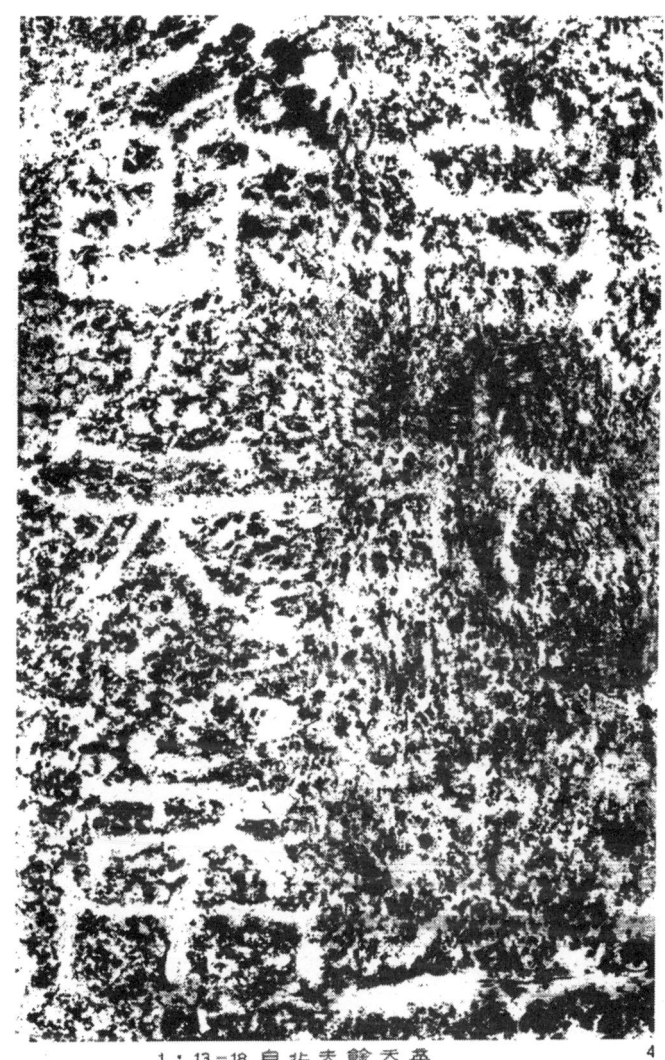

1 · 13-18 自北夫餘天帝

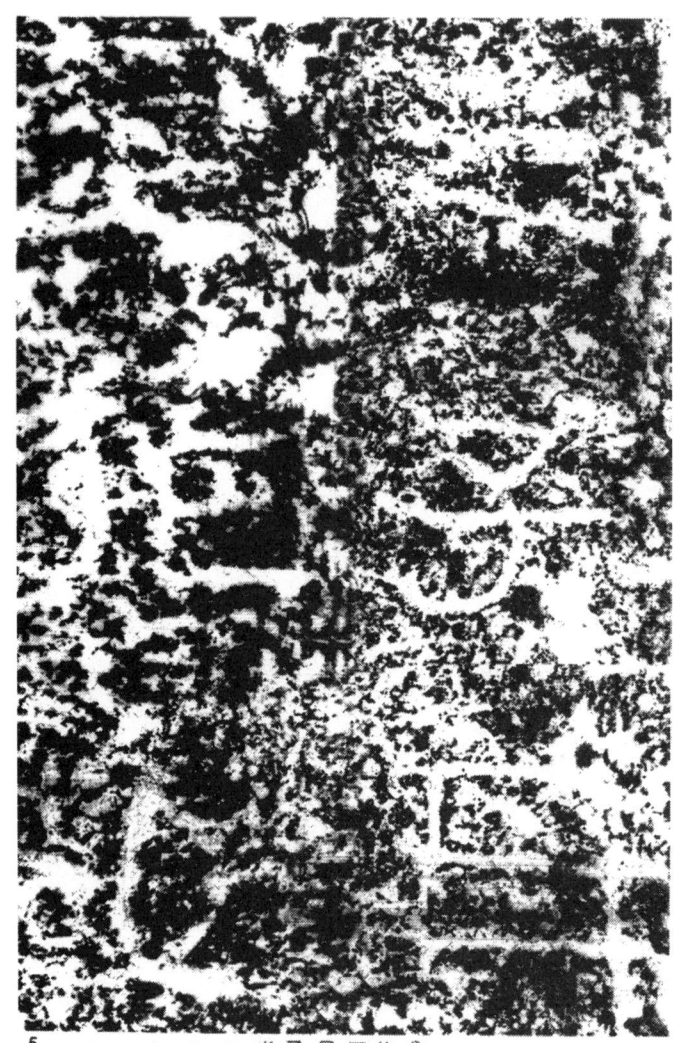

5   1·19-24 之子母河伯女

1 · 25-30 龍駕棄國/出生

1・31-36 而有聖囗囗囗

1・37-41、2・1 □□□命駕巡

광개토태왕 석비 정해 223

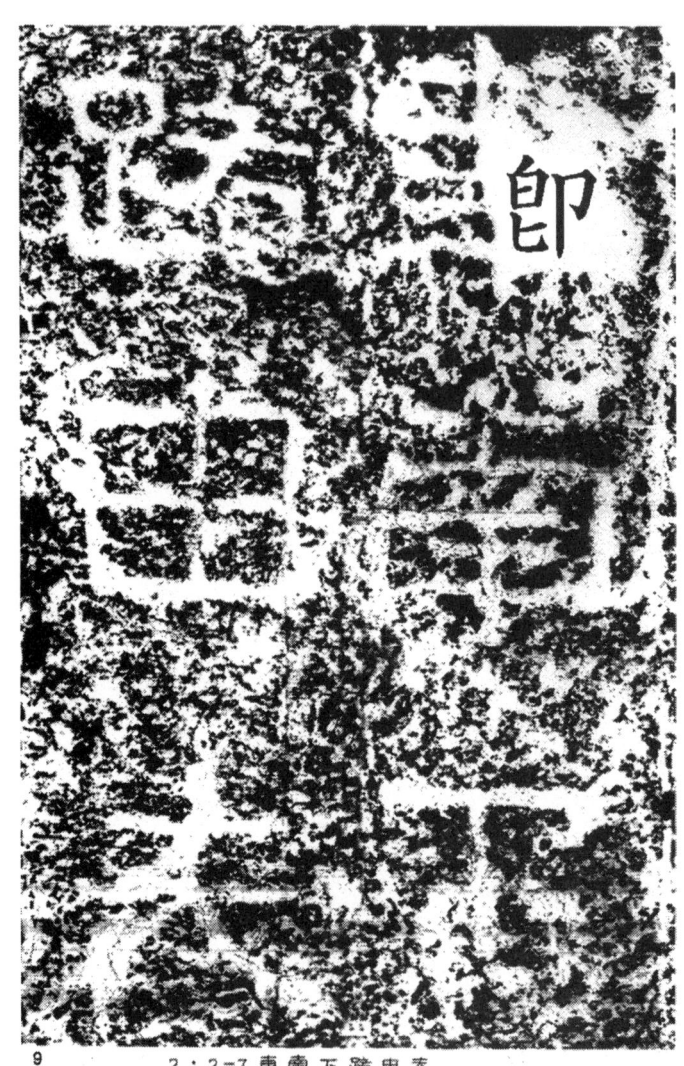

2・2-7 重南下路由夫

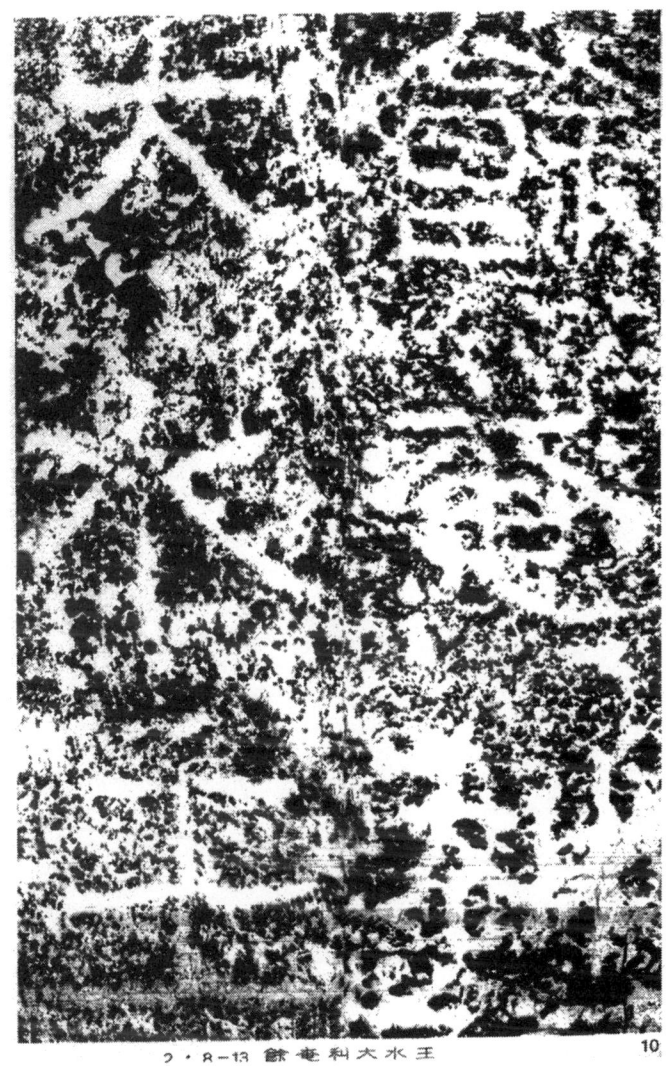

2・8-13 餘卋科大水王

11 2・14-19 陵津高日無恙

2・20-25 皇天之子母河

228 광개토태왕 석비 정해

2・32-37 為戎連葭浮龜

15   2・38-41、3・1-2 應[賣]郎為畫敢

3·3-8 淨鑒然後造湊

17　　　3・9-14 拓攝流谷悠本

3 · 15-20 西城山上而建

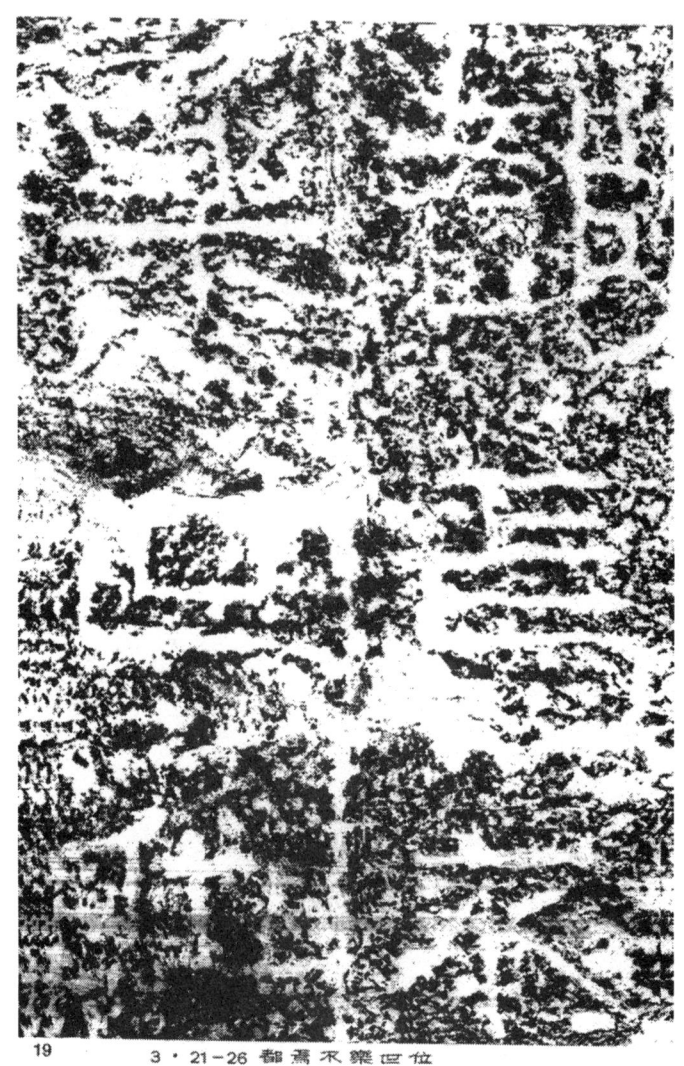

19   3・21-26 都焉不樂世位

3·27-32 天遣黃龍來下

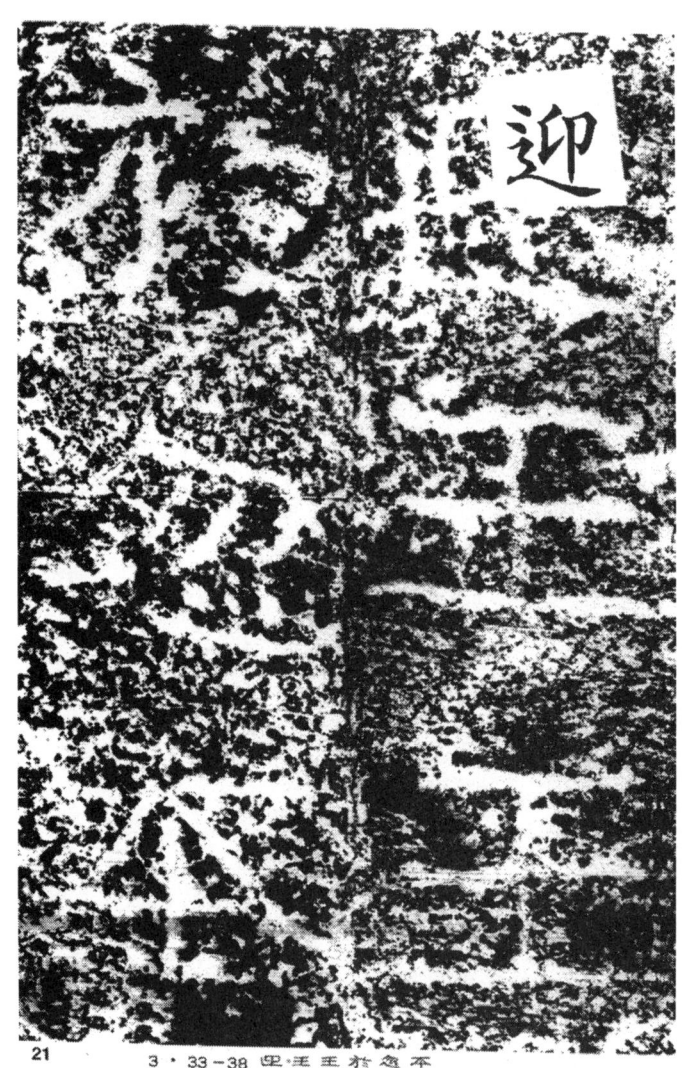

21   3·33-38 迎王王於忽本

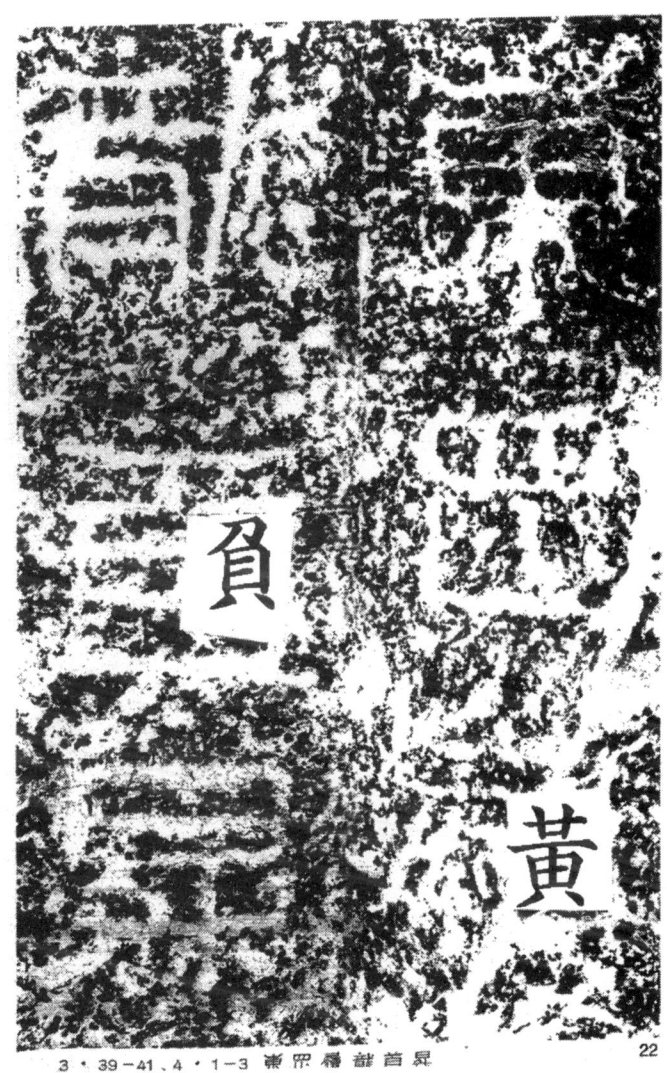

3・39-41、4・1-3 東罡檐蓋首昇

광개토태욍 석비 정해 237

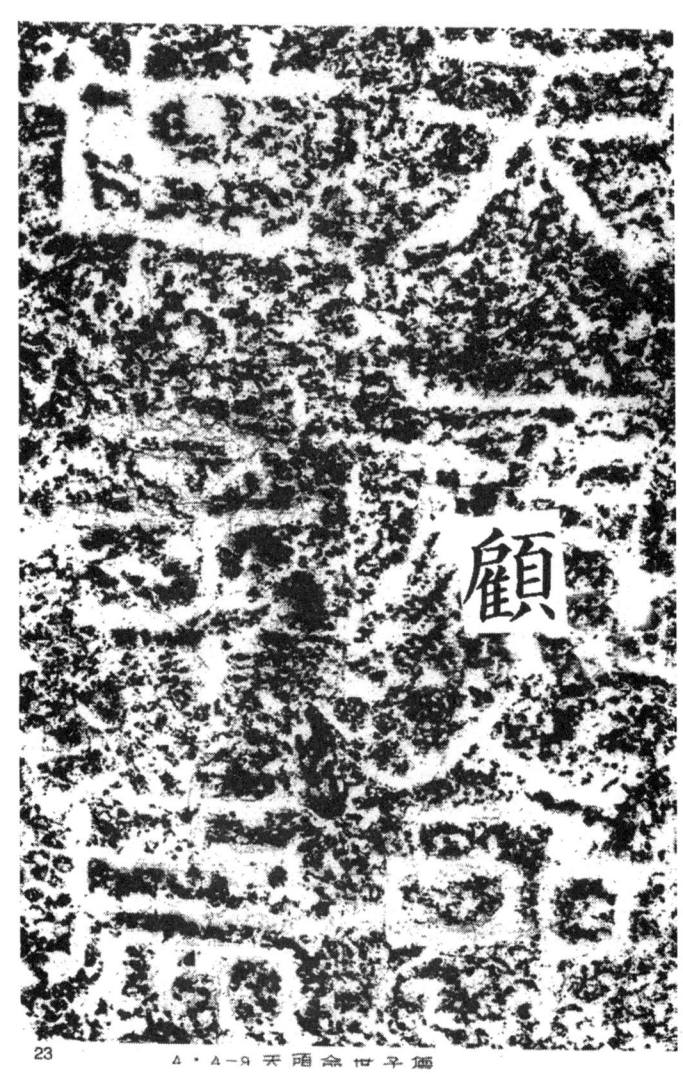

23   顧子世余甫天 8・4・8

4 · 10-15 若王叺重興治

광개토태왕 석비 정해 239

25 　　　ㅅ·16-21 大未箇王貽承

4·22-27 基冀函至十七

광개토대왕 서비 절해 241

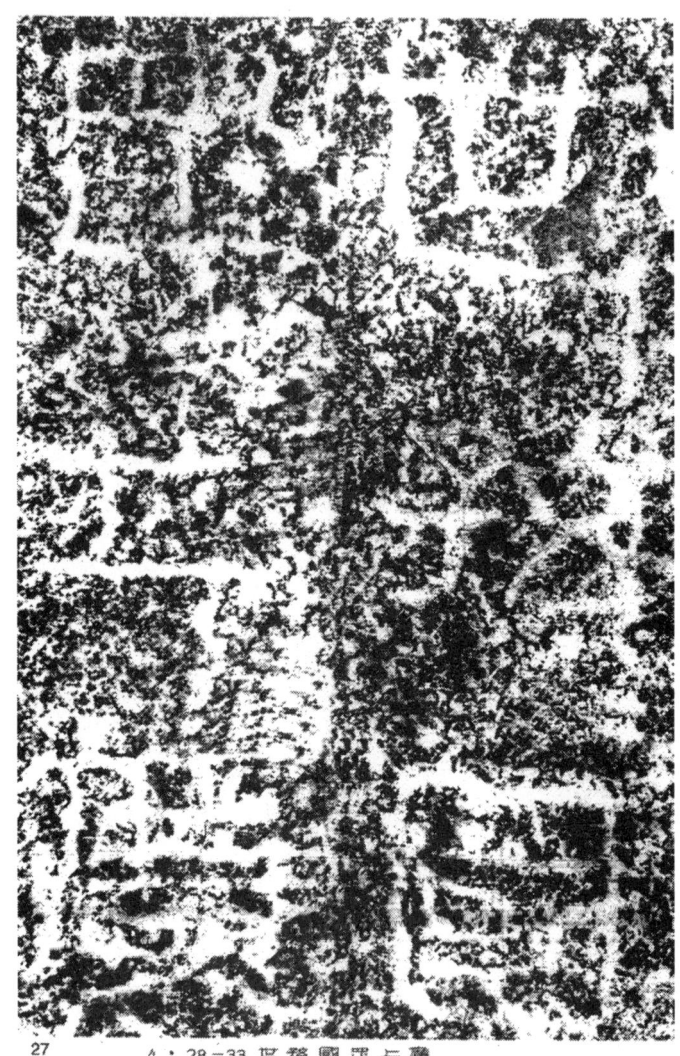

27　　　ㅅ·28-33 世務國罡上廣

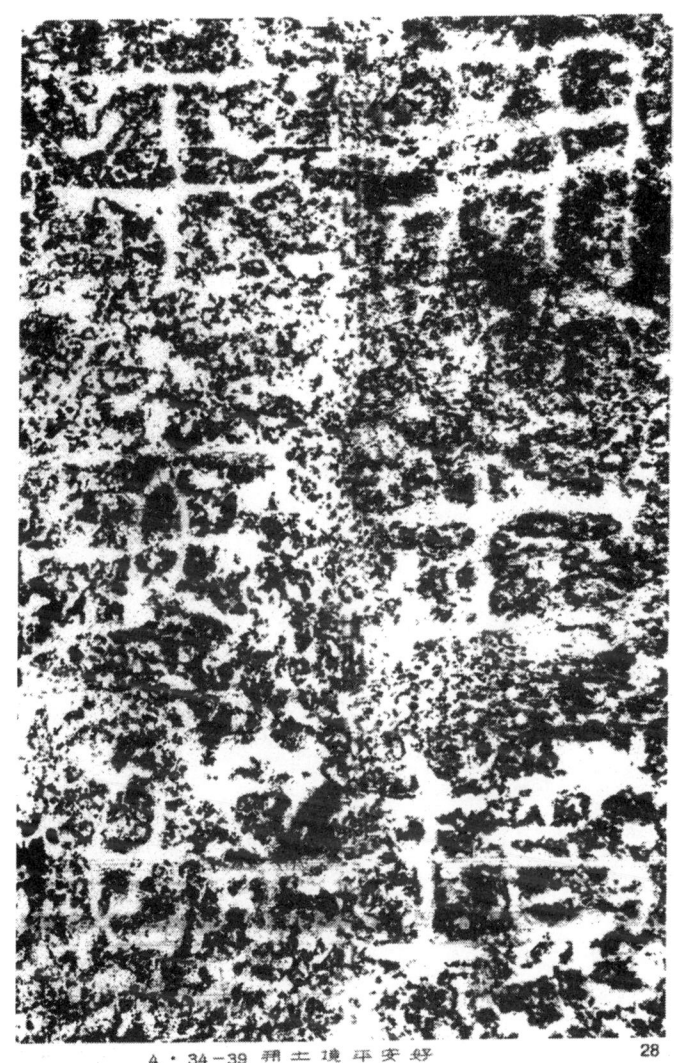

4·34-39 拜土境平安好

29 4・40-41、5・1-4 太王二九登祚

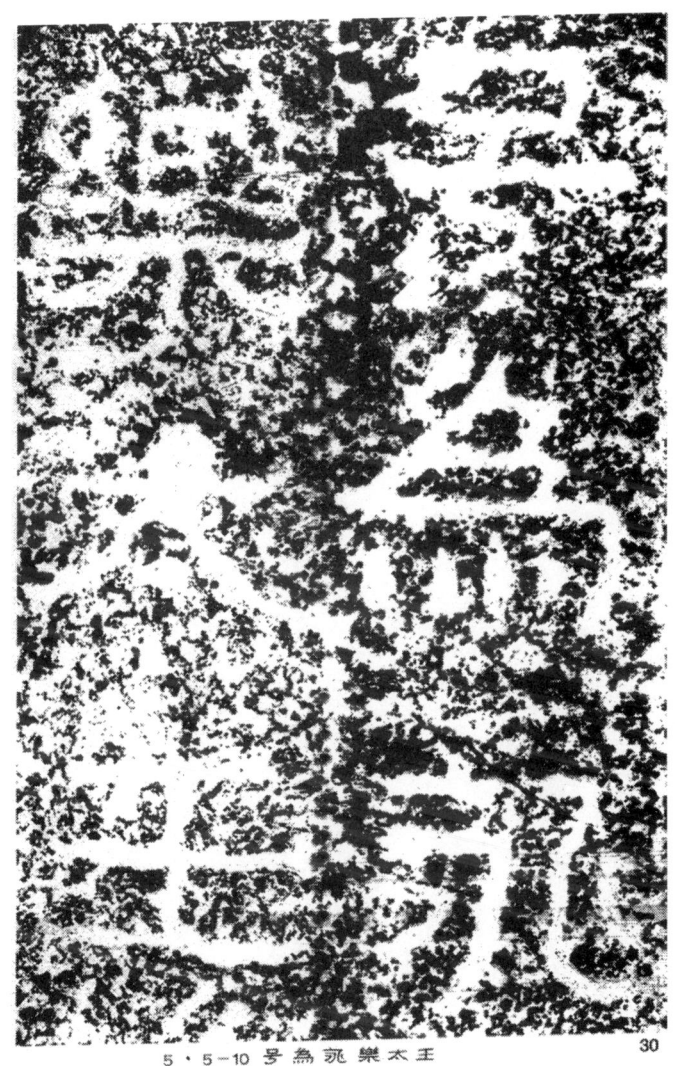

5·5-10 号 焉 永 樂 太 王

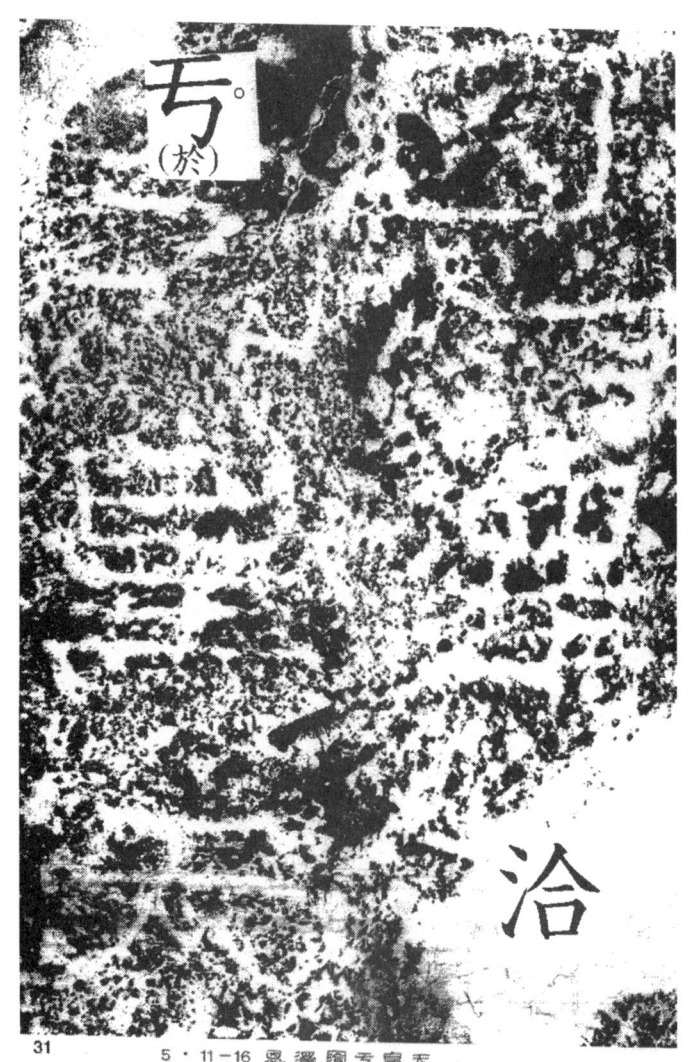

5 · 11-16 恩澤□于皇天

5·17-22 威武裁校四海

33   5・23-28 摞餘囚□燕亭

태왕의 꿈
광개토태왕석비정해본

초   판 : 2014. 1. 30 인쇄
재   판 : 2022. 7. 30 인쇄   발행일 : 2022. 7. 30
해석저자 : 김덕중
발 행 처 : 덕산서원 (德山書院)
인 쇄 소 : 진양인쇄 (2263-3132)
출판신고 : 2014-000002호
출판등록 : 106-90-88455
주   소 : 서울특별시 은평구 통일로 80가길 14-11, 2호
          (우편번호 : 03344)
문의 및 주문전화 : TEL : 02) 752-1216   FAX : 6455-3475
                  H.P : 010-9653-1216
E-mail : deoksan15@naver.com

ISBN 979-11-952018-0-8   값 15,000원

이 책 내용의 전부 또는 일부를 사용하시려면 저작권자의 서면에 의한 동의를 받아야 합니다. 잘못 만들어진 책은 구입처에서 교환해 드립니다.